真正の「共生体育」をつくる

梅澤秋久＋苫野一徳――編著

大修館書店

はじめに

成長社会から成熟社会へ――。

令和という時代に入り、平成で成し遂げきれなかった変化を、教育／体育でも起こさなければならないでしょう。

成長社会は右肩上がりを目指す世の中です。他方で、成熟社会は全ての人が精神的豊かさや生活の質の向上を感じられる平和で自由な社会です。成熟社会では、個人の自由だけを主張し、他者の自由を奪うことは許されないため、全ての人を包摂する「共生社会」という様相も同時に求められるのです。

中央教育審議会の初等中等教育分科会（２０１２）によれば、『共生社会』とは、これまで必ずしも十分に社会参加できるような環境になかった障害者等が、積極的に参加・貢献していくことができる社会」だとされています。それは、「誰もが相互に人格と個性を尊重し支え合い、人々の多様な在り方を相互に認め合える全員参加型の社会」だということです。

２０１７年に告示された小学校／中学校学習指導要領解説体育編／保健体育編（高等学校は２０１８年）においては、「運動やスポーツの多様な楽しみ方を共有することができるよう指導内容の充実を図ること。その際、共生の視点を重視しての改善を図ること」と示されています。

本書の目的は、「共生社会」における体育科／保健体育科、すなわち、「共生体育」をつくるビジョンとロードマップを示すことにあります。

タイトルにもなっている「共生体育」とは、全ての学習者が「多様性を受容し合い、それぞれの能力を最大限に発揮する」という「ダイバーシティ・インクルージョン」の理念の中で、豊かなスポーツライフに繋がる資質・能力の育成に資する体育のことです。別言すれば、文化としてのスポーツを学び合う中で、健康で豊かなスポーツライフを送るという〈自由〉に拓かれ、全ての学習者の〈自由の相互承認〉の感度を育む体育だといえます。

さて、いま本書を手に取られた読者の中には、これまでの体育＝「成長社会の体育」にネガティブな印象や問題意識を抱いている方もいらっしゃるでしょう。問題意識とまではいかずともモヤモヤを抱えている方も少なからず存在するのではないでしょうか。

筆者は、それは次の４つの問題を起因としているのではないかと推察しています。

⑴競技志向による問題
⑵共通の到達目標による問題
⑶体力テストの平均値向上を目指す問題

⑷体育教師の身体性による問題

⑴の体育における競技志向は、スポーツを教材とする場面が多く、勝利が目的化されやすいために生じる問題です。

「『競争に勝つ』ことのたいせつさだけを教え込んでいたら、子どもはいずれ、『自分ひとりが相対的に有能で、あとは自分よりも無能である状態』を理想とするようになります」(内田樹『街場の教育論』ミシマ社)。また、「勝つための方法・作戦を考えよう」というテーマを提示した体育において、「子どもたちは『勝つための(一番効率的な)方法は、できない奴がいなければよい』と気づいています」(梅澤秋久『体育における学び合いの理論と実践』大修館書店)。勝利を目的化すれば、その目的遂行のためにエクスクルージョン(排除：インクルージョンの反対)が生じかねないのです。また、結果としての勝利は、そもそもクラスの半分しか達成できないことになります。そのような学習空間で、運動が不得意な子は目立たぬように／できる子に迷惑をかけないように、主体的に「空気」のような存在になるという「負の学び」を実践しかねないのです。

⑵の共通の到達目標を掲げた教育について、編著者の1人である苫野一徳氏は、150年前から変わらない「みんなで同じことを、同じペースで、同質性の高い学級の中で、教科ごとの出来合いの答

えを、子どもたちに一斉に勉強させる」という「学校」のシステムは、限界を迎えていると主張しています（苫野一徳『「学校」をつくり直す』河出書房新社）。成長社会（＝工業型社会）では「言われたことを言われた通りに」できる、上質で均質の労働者を求めていたかもしれません。しかし、ＡＩにより必要な情報が必要な時に提供される社会（Society 5.0）に向かっている現在、「言われたことを言われた通りにする力」を教育するだけでは立ち行かなくなっています。

それは体育においても同様です。体育は、多くの国において富国強兵／殖産興業のための教科としてつくられ、機能してきた歴史を有しています。つまり、軍事力、労働力としての「身体（肉体と精神）の教育」が体育の使命だと考えられてきた過去があるのです。

時は流れ、20世紀の後半から生涯スポーツが希求され、「スポーツの教育」が重視されてきました。しかしながら、相変わらず体育という世界だけで価値づけられる「出来合いの答え（技能）」を階段型に配置し、その獲得を目標とし、達成を評価するという「目標―達成―評価」型のカリキュラムが蔓延しています。そのような「成長社会の体育」では、できる子は楽しく、できない子は「落ちこぼれ」たと感じやすい傾向にあります。また、全員が同じペースで進む授業の場合は、できる子は「吹きこぼれ（落ちこぼれの反対）」、退屈な時間を過ごしていると考えられます。

(3)の体力テストの平均値向上に向けた取り組みは、まさに量的拡大を全体で目指す成長社会の様相そのものです。

そのような取り組みを加速させる要因は、体力テストの悉皆化後になされた都道府県ごとの平均値の公表でしょう。メディアによる体力テスト平均値のランキングは、教育委員会や学校の、つまり大人側の競争意識や目標達成意識を誘発しています。

中央教育審議会の「子供の体力・運動能力の年次推移」においても、「平成26年度の調査結果と体力水準の高かった昭和60年頃を比較すると、依然として低い水準にとどまっている」と報告されています（中央教育審議会（２０１５）の体育・保健体育、健康、安全ワーキンググループ（第3回）「体育・保健体育に関する資料」）。その年次推移で使用されているデータは「50ｍ走」と「ソフトボール投げ」です。これらはスピードや瞬発力、特定の運動技能を測定する種目であり、いずれも「競技関連体力」と呼ばれるものです。成熟社会において全ての人に必要なのは持久力や体格（肥満度）など「健康関連体力」のはずです。なお、平成26年の東京の中学生の15ｍシャトルランの記録は、アジアの大都市の中でもダントツの1位であることが報告されています（鈴木宏哉、２０１５ 日本における組織的スポーツ活動が果たす役割の特異性、日本運動疫学会口頭発表）。

体力が高かったといわれる昭和60年頃に筆者は中学生でしたが、第二次ベビーブーム世代であり掃除場所も生徒で溢れかえる学校であったため、掃除と業間体育とを順番に「やらされて」いました。体力が高いと称賛される一方で、この世代の生涯スポーツ参加率の低さは問題だと考えられます。

一方、平成26年に中学生だった世代は、多くの競技スポーツにおいて世界のトップクラスで活躍しています。問題は、平均値の低下ではなく、格差の拡大であり、運動から逃避する子どもたちの増加なのです。

以上の体力テスト平均値向上主義において最も留意すべきは、障害のある子どもたちが「別扱い」されたり、平均値を下げている子どもたちが悪者扱いされたりしかねない点です。

誰にとっても健康の保持増進は必要不可欠です。ただし、その条件は他者との比較ではなく、ましてや組織の平均値の向上のためではなく、自身がより健康に逞しく生活できる力を身につけるという点においてです。つまり〈自由〉に生きるための基盤としての体力を身につけること、またその方略を学ぶことが本来の体育の意義だということです。

(4)の体育教師の身体性に対してネガティブな印象を抱いている人は少なくありません。筆者も中学時代の体育教師に対する嫌悪感を抱いている1人です。その先生が「軍人的体育教師」（坂本拓弥、2013「体育教師らしさ」を担う身体文化の形成過程：体育教師の身体論序説、体育学研究58）だったからです。

日本の体育教師像の確立は明治時代まで遡ります。明治時代の体操科（現、体育科／保健体育科）は、普通体操と兵式体操に分けられ、兵式体操の教師には、軍人が採用されました。当時の教育／体操科では規律訓練的な態度が重視され、体操教師は威圧的態度と怒鳴り声等を生かし「生活指導」の担当もしました。どうやら同様の体育教師は現在でも存在するようです。「坊主憎けりゃ袈裟まで憎い」で、このような教師の身体性が体育嫌いを生み、ひいてはスポーツ嫌いをつくるという悪循環も残念ながら存在しているようです。

他方で、戦後の民主主義化以降、体育教師の多くは「コーチ的体育教師」（坂本、前掲）として明朗快活、情熱的な態度で教職に就いているといわれています。素晴らしいことではありますが、教師という存在は、自身が成功してきたことを伝達したくなるので厄介です。つまり、体育（を専門とする）教師は、勝利や高い到達を目指す中で自己生成をしてきたため、先の⑴競技志向や⑵共通の目標達成、⑶体力テストの成果向上を掲げやすい身体性を有している可能性が高いといえるでしょう。恥ずかしながら、かくいう筆者も同様の教師経験を有しています。

以上が「成長社会の体育」の隠れた問題点だといえるでしょう。

つまり、「成長社会の体育」は、競技スポーツという概念を基盤として授業づくりがなされる傾向にあったため、オリンピックとパラリンピックが分断されているように、障害児が健常児と別に体育を行うのは当然だったのです。

大人になってからレクリエーション的なスポーツや身体活動（physical activity＝現在では「広義

のスポーツ」）は男女分け隔てなく行うのが当然だと思われます。ところが、武道とダンスが男女共に必修化された後も、変わらず男女別習のカリキュラムが組まれている学校が少なからず存在しており、未だ別習の学校もあります。そのような学校や体育教師には、おそらく性差による身体能力差に配慮すべきだという競技スポーツ志向が根底にあるのだと考えられます。

極端ないい方をすれば、勝利や量的な達成が重視される「成長社会の体育」においては、多様性は密かに排除される構図に陥りやすかったといえるのです。もちろん、思春期の生徒たちには、異性との過度な身体接触を避けるような配慮も必要です。運動部活動は競技スポーツを学ぶ機会でもあるため、男女別の大会は当然かもしれません。また、障害の種別やその程度によっては、共生の方法に「折り合い」をつける必要があるでしょう。

しかしそれでもなお、全ての子どもたちが共にスポーツを学び合う経験は、様々な「ちがい」を当然のように受け容れられる人間性の涵養に繋がり、彼／彼女らが成熟社会の構成員として主体的・対話的、健康的に育っていく可能性を拡げるはずです。そのような成熟社会への誘《いざな》いに「共生体育」が貢献できればこんなに嬉しいことはありません。

書名に掲げている「真正」とは、「本物であること」を意味しています。

「成長社会の体育」に方法論レベルで共生を導入しても、不協和音が生じることが予想されます。

例えば、既存の技能獲得を目標とする体育授業において、能力差が存在する中で「共生で『教え合い』なさい」と教師がいっても不可能です。なぜなら、能力の高い子は、その技能を既に獲得（目標達成）しているため、一方的に教えることはあっても、『教え合い』は目標達成において茶番劇だと子どもたちは気づいているからです。やはり、「共生体育」の理念を明らかにした上で、実践の在り方を探究する必要があるのです。

本書では、まず序章にて、編著者の苫野氏と梅澤で、教育と「共生体育」の原理を述べた上で、共生に資する包摂（インクルージョン）に関する理論（全6章）と様々な共生に関する実践（全20章）を紹介していきます。

読者のみなさまが『真正の「共生体育」をつくる』ために。

2020年1月　編著者代表　**梅澤秋久**

真正の「共生体育」をつくる　目次

第2部【実践編①】障害のある子とない子の共生を中心に

第3部【実践編②】運動格差の共生

第5部【実践編④】学校以外での共生スポーツ

苫野一徳

序章―1 体育における〈自由〉と〈自由の相互承認〉の原理

1 はじめに

公教育とは何か。それは一言でいえば、全ての子どもたちが〈自由〉に、すなわち「生きたいように生きられる」ための力を必ず育むためのものです。でも同時に、各人がただ自分のわがままな自由を主張していては、結局のところ争いになって、互いの〈自由〉が奪われることになってしまいます。それゆえ私たちは、この市民社会においては、誰もが〈自由〉に生きたいと願っていることを相互に承認し合わなければなりません。公教育は、まさにこの〈自由の相互承認〉の感度を育むことを土台にし、その上で、全ての子どもたちが〈自由〉に生きられるための力を育むことを最も根本的な本質とするのです。

以下ではまずこのことを簡潔に論証し、その上で体育がこの公教育の本質にいかに寄与しうるか、あるいは寄与すべきか、考察を加えることにしたいと思います。

〈注〉以下2～4節の記述は、内田良・苫野一徳『みらいの教育―学校をブラックからワクワクへ変える』第2章「教師という仕事の本質―教職『特殊性』論批判」の一部を改編したものです。

2●公教育とは何か？

公教育（学校教育）の本質を明らかにするためには、やや迂遠ではありますが、人類1万年の歴史を振り返る必要があります。

人類がそれまでの狩猟採集生活から定住・農耕・蓄財の生活へと徐々に移行していくようになったのは、約1万年前のこと。このいわゆる「定住革命」「農業革命」は、人類の「進歩」のきっかけをつくった最初の大革命であったと同時に、その後現代にいたる、長い戦争の歴史のはじまりであったともいわれています。

蓄財のはじまりは、その奪い合いのはじまりでもあったのです。人類は約1万年前より、いつ果てるとも知れない戦争の時代に突入しました。17世紀イングランドの哲学者ホッブズがいったように、「万人の万人に対する戦い」がはじまったのです。

この拡大し長引く戦いに一定の終止符を打ったのは、歴史上、まずは古代帝国の登場でした。エジプト諸王朝、秦王朝、ローマ帝国など、大帝国の登場が、戦争を抑止し秩序をもたらしたのです。しかしこれらの帝国もまた、次の新たな帝国に討ち滅ぼされることになりました。

なぜ、人間だけがこのような戦いをやめられないのか?

この問いにようやく答えが見出されたのは、わずか200数十年前のこと。長年にわたり絶えず戦争を続けてきた、近代ヨーロッパにおいてでした。

なぜ人類だけが戦争を続けるのか?　それは人間だけが、〈自由〉への欲望をもっているからにほかならない!　ジャン＝ジャック・ルソー（1712〜1778）やG・W・F・ヘーゲル（1770〜1831）といった哲学者らによって見出された、極めて重要な洞察です。

動物同士の争いの場合、勝敗が決まればたいていはそれで戦いは終わります。それはおそらく、動物たちが自由への欲望をもっていないか、あるいは少なくともほとんど自覚していないからです。動物は、基本的には、いわば本能のままに生きているのです。

でも人間はちがいます。歴史上、人類は多くの場合、負けて奴隷にされて自由を奪われるくらいなら、死を賭してでも戦うことを選んできました。奴隷の反乱の例は、歴史上数え切れないほど多くあります。現代においても、私たちは自由を奪われた人びとの戦い——アメリカの公民権運動など——を目撃し続けています。

要するに、人間は自らが生きたいように生きたいという欲望、つまり〈自由〉への欲望を根源的にもち、それを自覚しているがゆえに、この〈自由〉を求めて、相互に争い合い続けてきたのです。

もちろん、戦争の理由は時と場合によって様々です。食料や財産を奪うためだったり、プライドのためだったり、憎しみのためだったり。これら全てに、実は〈自由〉への欲望が横たわっています。「生きたいように生きたい」からこそ、富を奪い、プライドを守り、憎しみを晴らしたいと思うのです。そして、富を奪われたら奪い返したいと思い、プライドを傷つけられたら傷つけ返したいと思い、憎しみはまた新たな憎しみを生んでいく……。全て、「生きたいように生きたい」という〈自由〉への欲望のあらわれなのです。

3●〈自由の相互承認〉の原理

この戦いに終止符を打つための「原理」（考え方）はあるのだろうか？　これが、ルソーやヘーゲルら近代哲学者たちの次の問いでした。

ある、と彼らはいいます。彼らがたどり着いた結論は次のようです。

私たちが〈自由〉になりたいのであれば、「自分は自由だ、自由だ！」などと、素朴に自分の〈自由〉を主張するのではなく、あるいはそれを力ずくで人に認めさせようとするのでもなく、まずは一旦、お互いがお互いに、相手が〈自由〉な存在であることを認め合うほかにない！

どんなに強大な力をもった人も、自分の〈自由〉を人に力ずくで認めさせ続けることは、長い目で見ればほとんど不可能なことです。どんな帝国も、どんな君主も、その権力を永続化させようとすれば、それを阻む勢力によって必ず打ち倒されてきました。そしてそのたびに、激しい命の奪い合いがまた繰り返されてきたのです。

だからこそ、私たちは、自分が〈自由〉になるためにこそ、他者の〈自由〉もまた、つまり他者もまた〈自由〉を求めているのだということを、ひとまずお互いに承認し合う必要がある。そしてその上で、互いの承認と納得が得られるように、その〈自由〉の在り方を調整する必要がある。そうでなければ、私たちは互いの自由をただ主張し合い続けるほかなく、いつまでも「自由をめぐる戦い」を終わらせることはできないでしょう。

これを〈自由の相互承認〉の原理といいます（竹田２００４）。現代の市民社会を、最も底で支える原理です。

もしも私たちが、互いに命を賭して自由を主張し合う戦いを終わらせたいと願うのならば、この〈自由の相互承認〉の原理に基づいて社会をつくっていくほかに道はありません。もちろん、この原理を完全に実現するのは極めて困難なことです。実際、この原理がヘーゲルをはじめとする近代哲学者たちによって見出されてから200年あまり、人類はいまもなお、凄惨な命の奪い合いを続けています。

それでもなお、私たちが互いに命を奪い合うことをやめ、自らができるだけ〈自由〉に生きていけるようになるためには、この〈自由の相互承認〉の原理を共有し、そしてこの原理を、どうすればできるだけ実質化していけるかと問うほかに道はないはずなのです。

4●公教育の本質

公教育とは、この〈自由の相互承認〉の原理を実質化するための、最も根本的な制度的土台です。〈自由の相互承認〉の原理は、まずもって法によってルールとして保障されるべきものです。現代の私たちは、市民社会の根幹をなす憲法によって、全ての人が対等に〈自由〉な存在であることを保障されています。

しかし、どれだけそのことが法によって保障されても、諸個人が実際に〈自由〉になるための力をもっていなければ、法の存在も有名無実であらざるを得ません。

ここに、公教育が登場する必要性と必然性があるのです。公教育は、法によってルールとして保障された〈自由の相互承認〉を、現実に実質化するものという本質をもっているのです。別言すれば、公教育は、各人の〈自由〉の実質化と市民社会における〈自由の相互承認〉の実質化という、互いに重なり合う二重の本質をもっているのです。

5●体育で育む〈自由〉と〈自由の相互承認〉

以上から、全て公教育は、この〈自由〉と〈自由の相互承認〉の実質化に寄与する限りにおいてその正当性をもつといえます。いうまでもなく、体育も例外ではありません。

この観点からすれば、体育には次の3つの本質があるように思われます。

(1)〈自由〉の第一条件としての健康な身体づくり
(2)スポーツを通した〈自由の相互承認〉の感度の育成
(3)文化としてのスポーツに親しむことで、〈自由〉で豊かな社会生活の土台を築く

(1)についての説明は不要でしょう。(2)については、スポーツを通して、人には得手不得手があること、しかしそれを補い合えること、またどんな得手不得手の持ち主も、共にスポーツを楽しむことができることなどが学ばれる必要があるでしょう。さらにいえば、〈自由の相互承認〉の社会とは共にルールをつくり合う社会のことでもありますから、スポーツ体験を通して、子どもたちにはルールを状況

に応じてつくり合う経験が保障される必要もあるでしょう。ルールとは、ただ一方的に与えられるだけのものではなく、ゲームをより楽しくプレイするために、絶えずつくり合っていくべきものなのです。この〈自由の相互承認〉の土台となるべき考え方についても、子どもたちにはぜひ肌で学び取ってもらいたいものです。

最後に、上記の(3)は、スポーツが文化として楽しまれているこの社会において、子どもたちが様々なスポーツに触れることで、より〈自由〉に、より豊かに生きられるように、ということを意味しています。

2020年度から小学校で全面実施される学習指導要領（中学校は2021年度、高等学校は2022年度）では「豊かなスポーツライフの実現」が謳われていますが、そのことの意味は、（教育）哲学的には上の3点として理解することができるのではないかと思います。

〈参考文献〉
◎竹田青嗣（2004）人間的自由の条件―ヘーゲルとポストモダン思想．講談社．
◎苫野一徳（2011）どのような教育が「よい」教育か．講談社．
◎苫野一徳（2019）「学校」をつくり直す．河出書房新社．

梅澤秋久

序章―2 体育学習における「共生」を考える

―〈自由〉と〈自由の相互承認〉の視点から

1●体育に〈自由の相互承認〉の感性を

Society 4.0（情報社会）の現代、大手衛星予備校や通信添削業界では、ＰＣやタブレット端末を活用し、有名講師などの授業映像視聴や問題演習、成績管理などを「いつでも、どこでも」行えるように工夫しています。個別性を重視した方法で、効率的に問題（Question）に対する「正解」の獲得と「目標達成」に向けた勉強ができる時代になりました。

しかし、ＡＩ（人工知能）が発展し、Society 5.0（高度スマート社会）に入ろうとも、学校の存在意義は不滅です。なぜなら、序章―1の通り、学校でしか学べない事柄に〈自由の相互承認〉が存在するからです。換言すれば、学校とは、多様な考えや能力を有する他者同士が、互いの〈自由〉を承認しつつ、正解が1つに絞れない問題（Problem）やプロジェクトに対する「最適解」「合意解」を協働創造することを学べる場だからです。

２０１７年告示の学習指導要領（高等学校は２０１８年、以下、２０１７／２０１８要領）においては、「共生」が、運動やスポーツの価値の1つに挙げられています。すなわち、障害の有無など多様性を包摂（インクルージョン）し、「スポーツを通した共生社会の実現」に寄与できる地球市民の育成が希求されているといえるのです。

本序章―2では、〈自由の相互承認〉の感性をフル稼働し、「文化としてのスポーツ」を共に味わう「共生体育」の在り方の方向性について論じていきます。

2●これまでの体育における「共生」の検証

体育に限らず、工業型社会（Society 3.0）においては、「目標―達成―評価」型のカリキュラムがまかり通っていました。「言われたことを言われた通りにできるようになる」（苫野２０１９）教育は時代錯誤であり、正解の獲得のために勤勉さを強いるという勉強型のカリキュラムといえるでしょう。

技の獲得が目標（ゴール）という体育学習においては、スモールステップという教育的な階段を、単元終了時までにどこまで上れたか＝どのくらい正解（技）を獲得できたかという教育方法を採用します。

このようなクローズドスキル獲得型の学習では、多様性は、個別性の原理として処理されます。つまり、段階的に、できる子とできない子の場が分断され、多様な他者とは関わらない必然が生じるのです。中には、ＩＣＴの手本映像（正解）と自身の映像を比較し、他者との対話がない、目標達成に盲進する実践も存在します。これでは多様な他者との共生は生まれません。

仮に、仲間同士の関わり合いを導入しても、ゴールが決まっているため「できる子ができない子に教える」という構図に陥りがちです。学校現場では、これを「教え合い」と称する場合がありますが、助教（ミニ先生）による「一方的な教え」に終始する場合が多いように思えます。

また、このような体育授業では、できる子の〈自由〉＝「文化としてのスポーツの特性に内在する楽しさや喜びに没頭すること」が保証されていない、つまり「吹きこぼれ」（落ちこぼれの反対）が問題となります。

3 思考力を中核とした学習デザインへ

中央教育審議会答申（２０１６）における「育成すべき資質・能力の３つの柱」（以下、⑴〜⑶）に基づき、各教科等の目標や内容が再整理されました。

⑴生きて働く『知識・技能』の習得
⑵未知の状況にも対応できる『思考力・判断力・表現力等』の育成
⑶学びを人生に生かそうとする『学びに向かう力・人間性等』の涵養

注目すべきは「育成」という文言がどこにかかっているかです。それは、⑵「思考力・判断力・表現力」です。「21世紀に求められる資質・能力の構造」（国立教育政策研究所２０１５）以降、未知の社会における資質・能力の中核は「思考力」であることを示唆しています。

既存の正解の獲得でなく、オープンエンドな答えに対し、思考力を発揮し、協働的に最適解を創造していくのは、「主題―探究―表現」型のカリキュラムです。体育において、既にこの指導方略をとっているのが「戦術学習」でしょう。

例えば、ゴール型ボール運動の特性から「突破の方法を探究しよう」をプロジェクト／テーマ（主題）に掲げれば、複数の答え（戦術）が創出可能になります。それを多様な構成員で思考・判断し、対話の中で深め（探究）、実践（表現）してみます。もちろん成功も失敗もあるでしょう。また、相

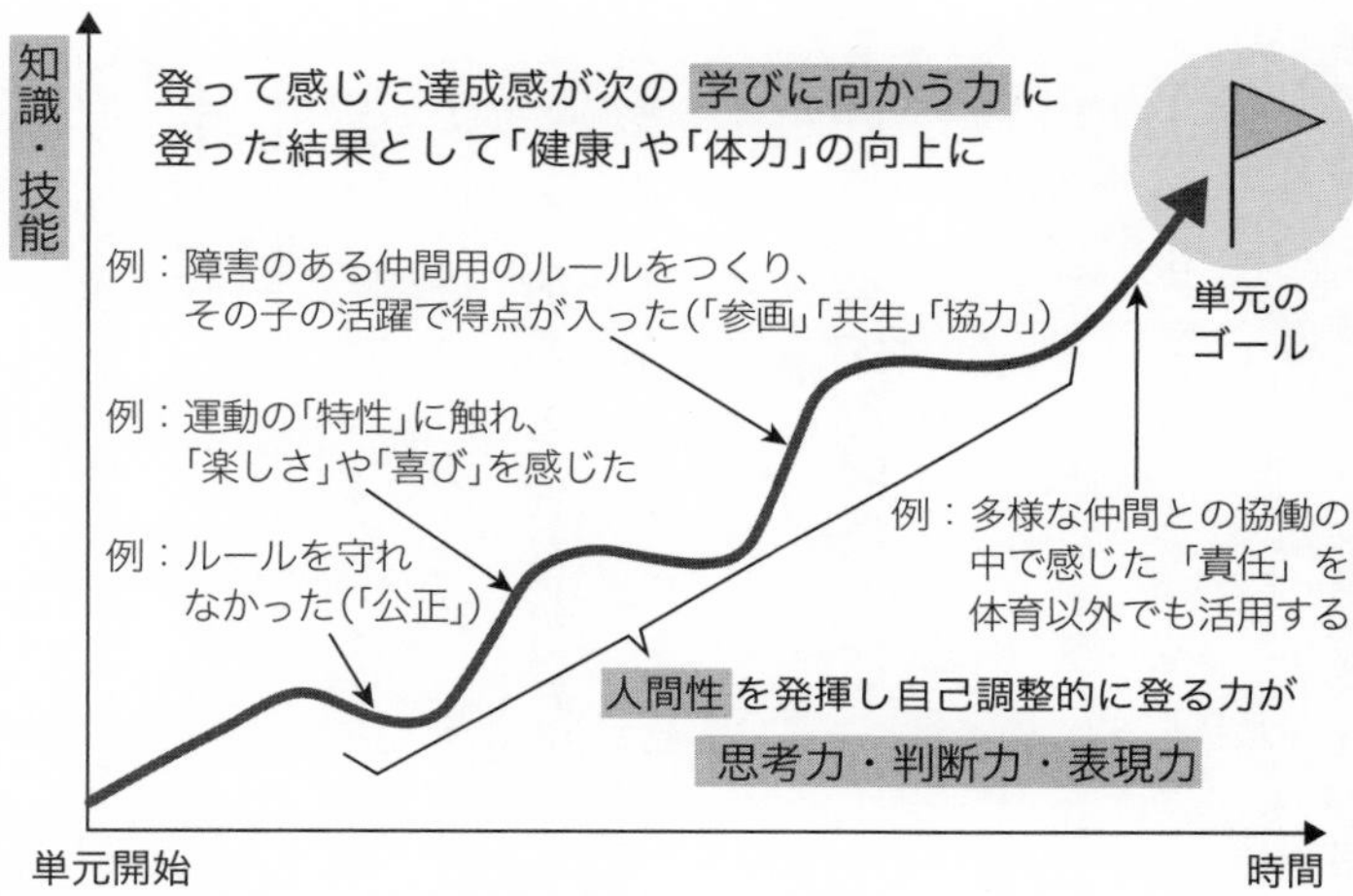
知識・技能
登って感じた達成感が次の学びに向かう力に
登った結果として「健康」や「体力」の向上に
単元の
ゴール
例：障害のある仲間用のルールをつくり、
その子の活躍で得点が入った（「参画」「共生」「協力」）
例：運動の「特性」に触れ、
「楽しさ」や「喜び」を感じた
例：ルールを守れ
なかった（「公正」）
例：多様な仲間との協働の
中で感じた「責任」を
体育以外でも活用する
人間性を発揮し自己調整的に登る力が
思考力・判断力・表現力
単元開始
時間

図1-1　「思考力」を中核とした登山型体育カリキュラムモデル

手が変われば戦術も変わるはずです。そのような試行錯誤の「探究―表現」サイクルの中で「公正、協力、責任、参画、共生、健康・安全」などといった、体育の「見方・考え方」における「運動やスポーツの価値」を学ぶのでしょう（図1‐1）。

4●登山型体育モデル

従来の「目標―達成―評価」型は「階段型カリキュラム」といわれます（佐藤1995）。おそらく将来使わない技の獲得には、子どもたちは学ぶ価値を感じにくいでしょう。また、大人の設定した階段を上っているだけでは、持続可能な社会の構成員としての資質・能力の育成にはならないと考えられます。

それに対して、図1-1は、未知の状況に対して思考力・判断力・表現力を原動力とし、主体的・対話的で深い学びの成果として、「知識・技能」、「体力」が身につくという『思考力』を中核とした登山型体育カリキュラムモデル」です。

登山の途中には、序章―1の「文化としてのスポーツ」の面白さ＝「特性」にふれ、「楽しさ」や「喜び」を感じる瞬間があります。「責任」感をもちよって仲間と「協力」したり「参画」したりすることは、自身の将来に大きく役立つ価値や意義として認識されやすいでしょう。何より、〈自由の相互承認〉という人間性を発揮し、自分たちで決めたゴールに到達したという達成感と数段の高みで味わった運動世界の拡がりは、次の「学びに向かう力」に繋がると考えられます。

5●体育学習における共生

多様な他者との共生を体育に取り入れる際に、最も障壁となるのが、スポーツにおける勝敗の存在でしょう。なぜなら、勝利を目的としたテーマを設定すれば、障害児や格差の低水準児童生徒は、そのチームから排除されやすくなるからです。

そこで、「仲間の状況に応じてルールや場を工夫するなど、様々な楽しみ方や関わり方があることを学ぶ機会とする」という思考の転換が重要になるといえます。

それでも体育には勝敗がついて回ります。梅澤（２０１６）は「教育における競争は、互いが切磋琢磨し、共に成長し合うための手段」としています。その際、勝つか負けるかが50：50の状況が望ましいため、「アダプテーション・ゲーム」（第３部参照）の考え方が重要になると考えられます。アダプテーションとは適合であり、対戦相手に応じてルールを可変的に行うゲームといえます。障害を有する児童や男女差を考慮したルールなどは事前に設定し合意しておくとよいでしょう。さらに、競争に負けたチームには、自分たちが少し有利になるルールや相手が少し不利になるルールをつくれる権利を与え、合意形成を図りながら、全員が全力で取り組める50：50のゲームを楽しみ合うという具合です。

「学び合い」においては互恵性が不可欠です。すなわち、格差の高水準から低水準の子どもたちが互いに遠慮なくゲームに参加できる「ハンディキャップ・ルール」の創造がアダプテーション・ゲームの特徴といえます。

6●身体リテラシーの重視へ

２０１７／２０１８要領の改訂に、ユネスコ（国際連合教育科学文化機関）の『『良質の体育』のガイドライン』（UNESCO, 2015a）および「体育・身体活動・スポーツに関する国際憲章」（UNESCO,

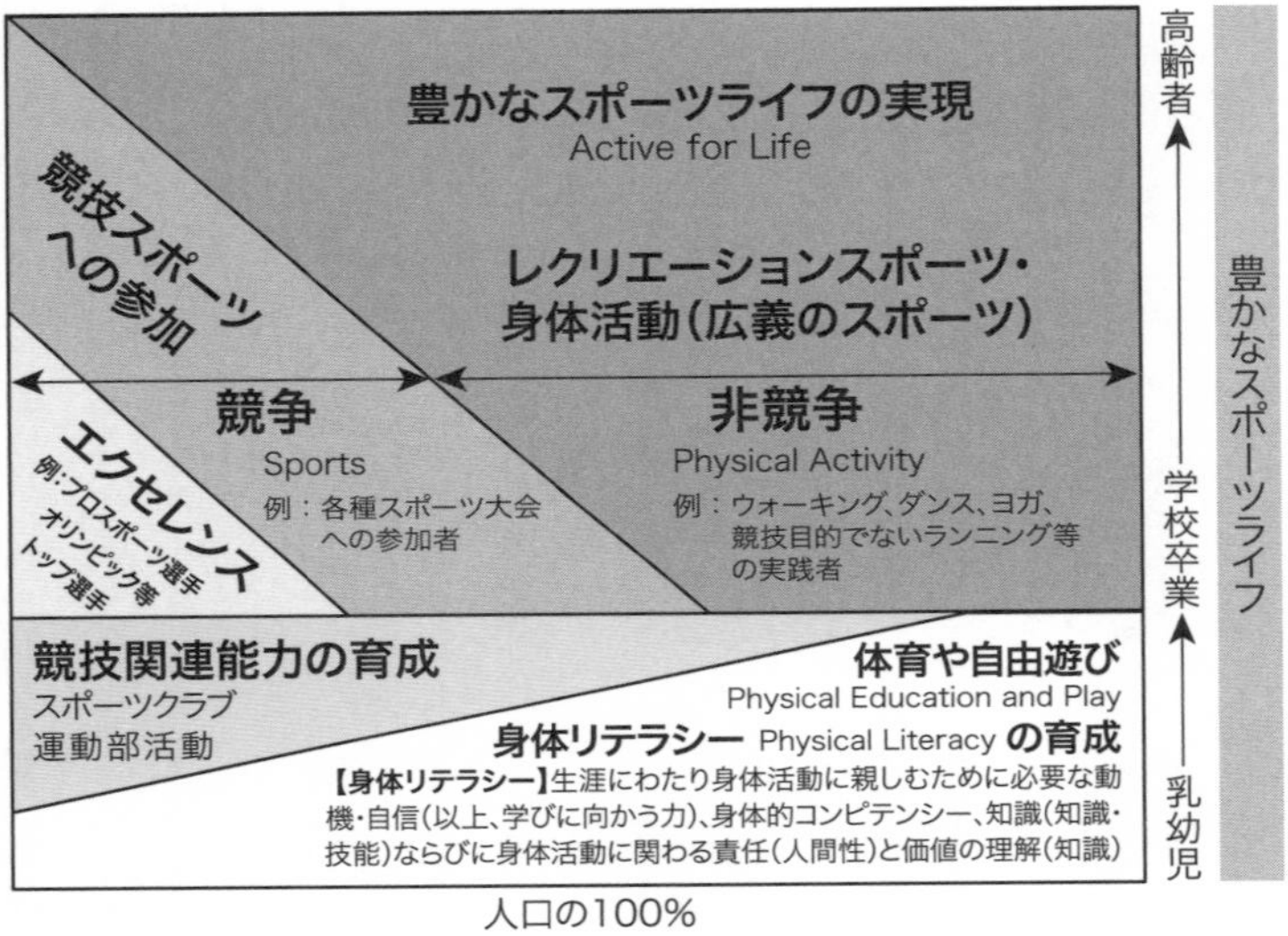

図1-2　身体リテラシーと体育・スポーツ・身体活動の関係

2015b）が大きな影響を与えたのは間違いないでしょう。なぜなら、「良質の体育」の中核に「インクルージョン」が記されているからです（第2章参照）。また、「良質の体育」の核には「身体リテラシー」も挙げられています。身体リテラシーとは、「生涯にわたり身体活動に親しむために必要な動機、自信、身体的コンピテンシー、知識ならびに身体活動に関わる責任と価値の理解」（Whitehead, 2016）です。

お気づきの通り、先述した「運動やスポーツの価値」、資質・能力における「学びに向かう力」、体育科の目標である「豊かなスポーツライフ」などと近しい概念です。

先の国際憲章における「体育」、「身体活動」、「スポーツ」と「身体リテラシー」を構造化したのが図1‐2（梅澤2016を改変）となります。

多くの成人は、競争的スポーツから遠ざかります。しかし、日本の医療費が年間40兆円を超える現在、健康は誰にとっても重要です。他方で、これからの体育は、将来使わない技の獲得を主たる目的にする教科ではなくなってきています。

つまり、生涯を通じて身体活動に親しむための身体リテラシーの育成を中核とした学校体育へのパラダイムチェンジが求められており、それにより、共生体育の導入がしやすくなると筆者は考えます。

多様性を包摂する共生体育では、公式なルールや場に縛られた競技スポーツの世界からの離脱が不可避でしょう。競技スポーツを学ぶ場は、任意で参加する運動部活動やスポーツクラブチームなどへ委譲するのが望ましいと考えられます。

学校での共生体育では「いつでも・どこでも・誰とでも・いつまでも」という生涯スポーツの理念に基づき実践されるべきです。多様性を受容・包摂し合い、主体的・協働的に「私たちのスポーツ」を創造し、実践しつつ再構築できる資質・能力の育成が求められているといえるでしょう。

本書では、多様性の中で学ぶ共生体育について、理論編（第1部）と実践編（第2～5部）に分け、論じていきます。

〈引用・参考文献〉

◎中央教育審議会（2016）幼稚園、小学校、中学校、高等学校及び特別支援学校の学習指導要領等の改善及び必要な方策等について（答申）.

◎国立教育政策研究所（2015）資質・能力を育成する教育課程の在り方に関する研究報告書1.

◎佐藤学（1995）学びへの誘い．東京大学出版会.

◎苫野一徳（2014）教育の力．講談社.

◎苫野一徳（2019）「学校」をつくり直す．河出書房新社.

◎梅澤秋久（2016）体育における「学び合い」の理論と実践．大修館書店.

◎UNESCO (2015a) Quality Physical Education: Guidelines for Policy-Makers.

◎UNESCO (2015b) International Charter of Physical Education, Physical Activity and Sport.

◎Whitehead (2016) Definition of Physical Literacy. International Physical Literacy Association.

第1部

【理論編】

体育における共生とは

梅澤秋久

第1章 全ての学級で不可避なインクルーシブ（共生）の教育原理

1 インクルーシブ教育とは何か

2017／2018年に告示された学習指導要領では、「総則」の第4に「児童（生徒）の発達の支援」が新規で明文化されています。つまり、今後「インクルーシブ（共生）体育」が日本全国どの学校・学級でも必須の事項となり得るのです。勤勉な読者の皆様にとってインクルーシブの推進は、周知の事実かもしれません。

では、「インクルージョン」あるいは「インクルーシブ体育」という言葉からどのような学習指導の様相を思い浮かべますか。

推察するに「健常児と障害児が共に学ぶ」姿を想起された方が多いのではないでしょうか。事実、ウィキペディアで「インクルーシブ教育」を検索すると、次のように記載されています。


インクルーシブ教育（インクルーシブきょういく、英語：Inclusive Education）とは、人間の多様性の尊重等を強化し、障害者が精神的および身体的な能力等を可能な最大限度まで発達させ、自由な社会に効果的に参加することを可能にするという目的の下、障害のある者と障害のない者が共に学ぶ仕組み。インクルージョン教育と呼ばれることもある。（2019年10月22日現在）

このように特別支援学級の子ども、または通常級に在籍する、いわゆる発達障害の児童生徒を「インクルージョン＝包摂」し、健常児と障害児が共に学ぶ体育をインクルーシブ体育と呼ぶのが、現在では一般的でしょう。

他方で、障害児を包摂した体育は、インクルーシブ体育の中核でありながらも、その必要十分条件を備えているとはいえません。もし「うちの学校には特別支援級がないから、インクルーシブ体育は関係ない」と思われている先生がいらっしゃったとすれば、それは勘違いでしょう。なぜなら、インクルーシブ体育における共生の対象は、「ダイバーシティ＝多様性」のある全ての子どもだからです。

本書では、全ての多様性を包摂する体育を、「共生体育」と定義しています。では、「共生体育」の対象となる多様性とは、どのような範囲を指すのでしょうか。また、真正の「共生体育」を成立させる要因は何でしょうか。

第1部（理論編）では、インクルーシブ教育の視点から「共生体育」の意義と、真正の「共生体育」の在り方について検討していきます。

まず本章では、インクルーシブ教育の原理について考察していきます。

2●多様性を排除してきた20世紀の教育

20世紀の産業主義の時代における教育の中心は「正解」の獲得でした。実生活で使うかは不問に付された一律のコンテンツ（内容）を画一的にインプットし、アウトプットの量で評価される教育システムです。明るい将来を目指す上で、「よい高校／大学に入り、一流企業に入れば生涯幸せ」だという「大きな物語」に向けて、教師のいう通り、忍耐強く「勉強」することが子どもたちには求められました。体育においても、成績（内申書）のために技の獲得に向けて勤勉さを強いられる学習指導の様相が問題であったといえます（梅澤２０１６）。

産業主義社会では、一部の経営者層（命令する側）と大量の労働者層（命令される側）に分化する「支配モデル」が採用されます。そのため、上の者のいう通りに一律に同じ内容をこなすという労働者養成及び社会的格差の助長に、皮肉にも学校教育が一役買ってしまうという構図が存在したと考えられます。

そのような20世紀の画一的な学校社会においては、多様性は排除の対象と捉えられていたといえます。その具体例の1つが、障害のある児童生徒の「就学猶予／免除」です。養護学校が義務教育化される1979年までは、保護者や子どもの意思とは関係なく、障害を有することを理由に「教育を受けさせる義務」を猶予したり、免除したりするお上からのお達しが与えられたのです。

また、20世紀の保健体育では、男女別習が当然でした。昭和時代の学習指導要領では、男女で内容が異なっていたため、別に学ぶ必然があったのです。

さらに、男女差以上に大きいといわれる個人間の格差は、問題にすらならなかったと考えられます。なぜなら、評定において相対評価を採用していたため、教師は「5」と同じ割合の「1」をつけなければならなかったからです。

20世紀は、外国人を「外人」と呼ぶのが通例でした。「出入国管理及び難民認定法（以下、「入管法」）」における「外国人登録制度」によって日本で生活する外国の方は、元来「内輪でない人」を表す〝ガイジン〟の意味そのもので扱われる場合が存在したといえます。

急激な発展を目指した社会では、「みんな同じがみんないい」という画一性と科学的な効率性や客観性が重視され、臨床性を欠く論理や多様性に対する異質排除がまかり通る時代であったといえます。

ています。

3 21世紀の教育への再構築

佐藤（2009）は、社会情勢の大幅な転換を鑑み、21世紀型の教育において次の4点を課題としています。

⑴知識基盤社会の教育
⑵グローバル・多文化共生の教育
⑶格差社会・リスク社会の教育
⑷市民性の教育

⑴の知識基盤社会とは、革新され続ける情報や知識をあらゆる活動の基盤として利活用することが求められる社会のことです。21世紀は先行き不透明な時代でもあるため、未知の状況に向けて、主体的（自立）、対話的（協働）に「最適解」を創造していくこと（深い学び）が求められます。ゆえに、学校教育においても、リテラシー（活用力）やコンピテンシー（資質・能力）といった生涯を通じて生きて働くチカラの育成が重視されるようになってきているのです。

一方、佐藤（前掲）は、2008年告示の学習指導要領においては、⑴の知識基盤社会への対応は示唆しているとしながらも、⑵の多文化共生社会への対応、⑶の格差社会・リスク社会への対応、⑷の市民社会の成熟に向けての対応についての言及はないと論じています。

２０１７／２０１８年告示の学習指導要領は、「コンテンツベースからコンピテンシーベースへの転換」（石井２０１５）と考えられています。すなわち、自身の将来と乖離した、学校という社会だけで生きるコンテンツ（内容）の獲得という勉強から離脱し、先の⑴～⑷の課題対応を包摂した21世紀の資質・能力（コンピテンシー）の育成に向けた改訂だと換言できるのです。

4 多様性を包摂する社会への転換

20世紀後半以降は多様性を包摂する成熟社会に向けた法改正が幾度となくなされています。重い障害のある児童生徒を受け容れるための養護学校は、２００６年に特別支援学校と名称を変えました。同時に、特殊学級は、特別支援学級と改称し、「養護・訓練」的な勉強から、個別支援による「自立活動」的な学びへの転換を図っています。さらに、２０１６年には障害者差別解消法も制定されました。

男女の包摂に向けては、１９９９年に男女共同参画社会基本法が制定されています。また、「子ども格差」は、その生育歴の影響が大きいとされ、２０１４年に子どもの貧困対策法が施行されています。さらに、「外国に繋がる児童生徒」に関する社会的変革として１９９０年に「入管法」の在留資格を再編した改正が行われたため、日系三世までの定住が許可され、南米からの子どもが増加しました。以降、経済社会の活性化等に向けた法改正が続き、外国に繋がりのある子どもは増加の一途をたどっています。

以上のような社会的変容が、多様性を包摂する共生教育の推進に影響を与えていると考えられます。

5●おわりに

多様性は、障害の有無、性別、人種（国籍）、能力格差、年齢等と多岐に渡ります。また、目に見えない多様性として、宗教、信念、価値観等も存在します。これらの多様性を互いに受容し合い、持続可能な成熟社会の実現に向けた教育が求められているのです。

多文化共生教育やシチズンシップ（市民性）教育等、先進的な学校では、多様な他者とケアし合う地球市民の教育が少しずつ進められるようになってきています。21世紀型の教育課題の解決に向けて、学校教育の一部である体育でもインクルーシブ（共生的）に取り組んでいく必要があるといえるのです。

広辞苑によれば、「共生」とは次の意味を有します。

〔共生・共棲〕①ともに所を同じくして生活すること。②異種の生物が行動的・生理的な結びつきをもち、一所に生活している状態。共利共生と片利共生とに分けられる。寄生も共生の一形態とすることがある。

教育学的には、①のように単に同じ教室に存在するだけではインクルーシブとはいえません。また、②には「共利共生」と「片利共生」とあります。前者は、共に利益がある共生であり、後者は片側だけにメリットがある状況です。当然ながら、多様な他者同士が互恵的に学び合う体育（梅澤２０１６）が希求されます。

全ての地球市民が、生涯を通じて健康者・スポーツ者として学び合う基盤を育成・涵養するために「共生体育」が必須になると考えられます。

〈引用・参考文献〉
◎石井英真（２０１５）今求められる学力と学びとは．日本標準ブックレット14．
◎佐藤学（２００９）「学力問題の構図と基礎学力の概念」．東京大学高度教育センター編、基礎学力を問う．東京大学出版会．
◎梅澤秋久（２０１６）体育における「学び合い」の理論と実践．大修館書店．

梅澤秋久

第2章 「良質の体育」（QPE）における共生
――インクルーシブが国際スタンダード

1●体育における共生の意義

序章―1の通り、公教育では〈自由の相互承認〉の感度を、重要な教養として育んでいく必要があります。つまり、教育とは多様な他者同士が受容し合う感性を育み、「共利共生」（第1章）を基盤とした成熟社会の構成員を育成するために行われると換言できます。そのような多様性を包摂するインクルーシブ教育は、体育においても重視されなければなりません。なぜなら、「全ての」児童生徒の豊かなスポーツライフの実現に繋げるのが、学校体育の中心的な意義だからです。

本章では、体育に焦点を当てて共生の意義を検討していきます。

2 真正のインクルーシブ体育

ユネスコの「体育・身体活動・スポーツに関する国際憲章」（以下「憲章」、UNESCO, 2015a）では、インクルージョン（包摂）の対象は、障害の有無、性別（LGBTを含む）、人種（民族・国籍）、年齢、能力、文化、社会的背景等、様々な格差とされています。

前章で述べた通り、とかく勘違いされやすいのが「障害の有無を包摂した体育＝インクルーシブ体育」という構図です。障害のある児童生徒だけではなく、全ての多様性を包摂するのが、ユネスコの提唱するインクルーシブなのです。

つまり、真正のインクルーシブ体育とは、健常児／障害児、運動ができる子／できない子、男子／女子（LGBT含む）、日本で生まれ育った子／外国に繋がりのある子、体格の大きな子／小さな子、粗暴な子／おとなしい子、スポーツを習っている子／習っていない子、同じ学級の子／異学年や異年齢の人……等々、学級内外に存在する全ての多様性を包摂する互恵性のある学び合いだといえるでしょう。

3●「良質の体育」における「包摂的な体育」

ユネスコは、「憲章」に先立ち、「『良質の体育』のガイドライン」（以下、「ガイドライン」）を提案しています（UNESCO, 2015b）。

「良質の体育」とは、生涯にわたって身体活動やスポーツに満ちた生活に導くための初等・中等教育における計画的・革新的で包摂的な学習経験を指します。「ガイドライン」によれば、「包摂的な『良質の体育』」には3つの核が存在するとしています（図２-１：筆者訳）。すなわち、

⑴インクルージョン

⑵子どもの安全・保護

⑶身体リテラシー

です。⑴～⑶の条件が揃うことで、中核である「包摂的な『良質の体育』の保証」に繋がると考えられています。

「憲章」や「ガイドライン」に強制的な拘束力はありません。しかし、繰り返し述べられているインクルーシブやインクルージョンの思想は、２０１７年告示の日本の学習指導要領において「共生」という文言として活用されていると考えられます。すなわち、小学校学習指導要領解説体育編の「体育科改訂の要点」（8頁）における以下の記載です（中学校「保健体育科改訂の要点」においても、「年

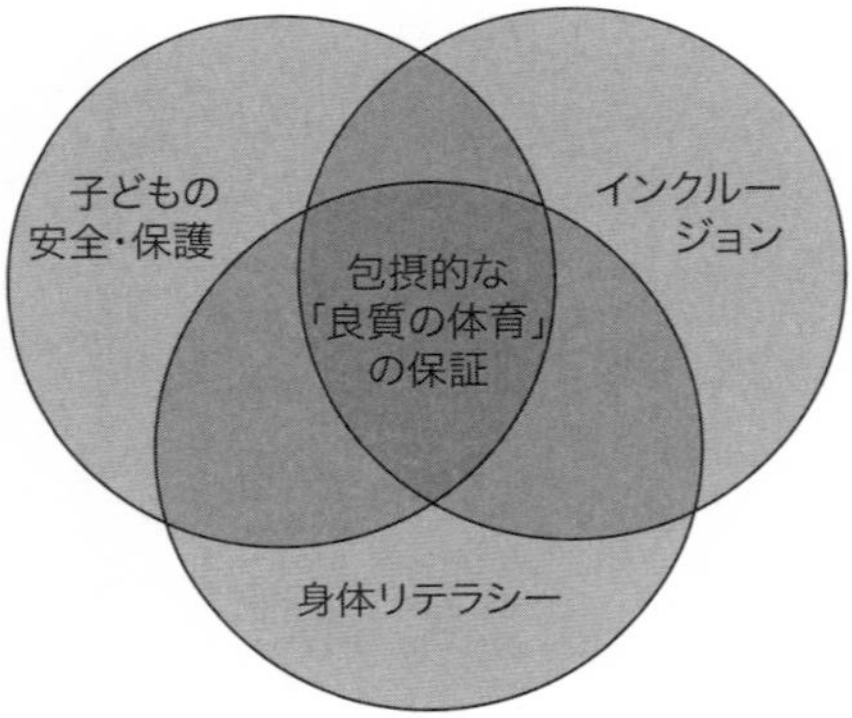

図2-1　包摂的な「良質の体育」の3つの核

齢」以外の記載は同様)。

運動やスポーツとの多様な関わり方を重視する観点から、体力や技能の程度、年齢や性別及び障害の有無等にかかわらず、運動やスポーツの多様な楽しみ方を共有することができるよう指導内容の充実を図ること。その際、共生の視点を重視して改善を図ること。

「良質の体育」は、全世界を対象にしているため、(2)子どもの安全・保護のような核も存在します。日本は、子どもの就学率が高く、比較的子どもの安全が保証されている国の1つでしょう。他方で、「運動する子としない子の格差」という現実から、『運動・スポーツからの逃避』(梅澤2016)からの保護」という拡大解釈が可能になるのではないでしょうか。

もう1つの核である、(3)身体リテラシーは、「生涯にわたり身体活動に親しむために必要な①動機、②自信、③身体的コンピテンシー、④知識ならびに⑤身体活動に関わる責任と⑥価値の理解」と定義されています（Whitehead, 2016）。序章―2で述べた通り、スポーツを「する・みる・支える・知る」という変革を機に、「身体リテラシー」の育成に向けた体育のパラダイムチェンジが必要だと考えます。既存のスポーツに子どもを当てはめるのではなく、多様な学び手に応じたスポーツの協働的創造によって、全ての子ども同士が互いを包み込み合うことが可能になるでしょう。

全ての子どもの豊かなスポーツライフに向けたリテラシー（活用力）やコンピテンシー（資質・能力）の育成には、「包摂的な『良質の体育』」が必要不可欠になると考えられます。

4 競技スポーツでのインクルーシブの推進

2017年6月9日、国際オリンピック委員会は、東京オリンピックの新種目を決定しました。最後に追加された種目には7つの男女混合種目があります。メディアは、柔道や卓球などでメダルを期待するコメントを異口同音に報じていましたが、筆者はインクルーシブの視点からとても革新的な出来事だと考えています。

競技スポーツにおける男女の身体能力差を考慮すれば、柔道・男女混合団体戦のように、同性との

写真2-1　卓球混合ダブルス（AFP＝時事より提供）

対戦になるような分担が当然でしょう。しかし、体力の下位概念における巧緻性や調整力、敏捷性といった性差が比較的生じにくい要素が重視される卓球の混合ダブルスでは、男女で打ち合う瞬間も立ち現れます（写真２‐１）。

相手と３〜４ｍしか離れておらず、時速１５０㎞以上のスマッシュを打ち合うスポーツが、性差という多様性を超えて共生できるのはなぜでしょう。

それはズバリ、「モノの安全性」でしょう。ピンポン球は、当たってもさほど痛みを感じないモノです。「子ども」を「選手」に置き換えれば、競技スポーツ・インクルーシブにおける「安全・保護」と解釈可能です。

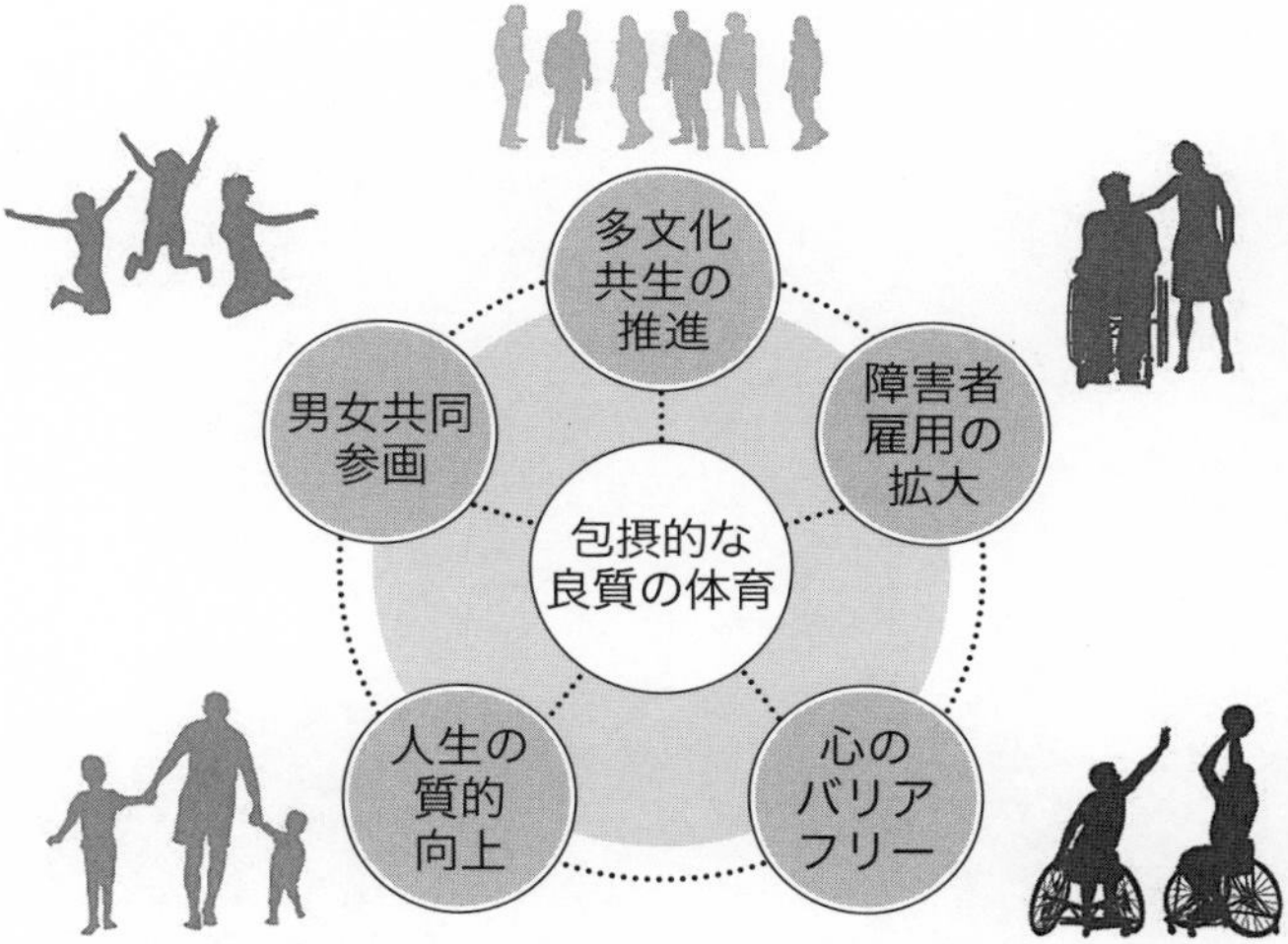

図2-2　包摂的な「良質の体育」がもたらす5つの社会的影響

「良質の体育」においても、万人が「安全・安心」を感じられるユニバーサルデザインのモノの活用が重要になるといえます。

5●インクルーシブ体育の意義

多様な他者との協働は、多文化共生教育、リスク・格差社会の教育、市民性教育において必要不可欠です。

図２-２（筆者訳）は、「包摂的な『良質の体育』授業」のもたらす５つの好影響を示しています（UNESCO, 2015b）。

(1)〈男女共同参画〉や、(2)〈多文化共生の推進〉をし、(3)〈心のバリアフリー〉および、(4)〈障害者雇用の拡大〉に繋がり、(5)〈人生の質的向上〉に資するとされます。

全ての子どもの「良質の体育」経験が、「する・みる・支える・知る」という豊かなスポーツライフ実践者としての育ちに繫がると考えられます。同時に、子どもたちは、共利共生の中で〈自由の相互承認〉の感度を磨き、成熟社会を「つくる」者としての成長が期待されているのです。

〈引用・参考文献〉

◎河野里沙（２０１７）「日本における学校体育の方向性の考察」．横浜国立大学卒業論文．
◎岡出美則（２０１６）「体育の理念はどう変わってきたのか」．友添秀則・岡出美則編、教養としての体育原理．大修館書店．
◎梅澤秋久（２０１６）体育における「学び合い」の理論と実践．大修館書店．
◎苫野一徳（２０１４）教育の力．講談社．
◎梅澤秋久（２０１７）「体育学習における『共生』を考える」．体育科教育65（11）．
◎UNESCO (2015a) International Charter of Physical Education, Physical Activity and Sport.
◎UNESCO (2015b) Quality Physical Education: Guidelines for Policy-Makers.
◎Whitehead (2016) Definition of Physical Literacy. International Physical Literacy Association.

梅澤秋久

第3章 真正の「共生体育」の在り方
――4つの共生レベル

本章では、共生社会の方向性を概観し、実践上で予想される共生体育をレベル別に示し、目指すべき真正の「共生体育」の在り方を提示します。

1●ダイバーシティ・インクルージョン社会

21世紀に入り、社会的要請として「ダイバーシティ・インクルージョン」が重視されてきています。特徴的なのは経営学や企業等、実務が重視されている業界で使用されているという点です。

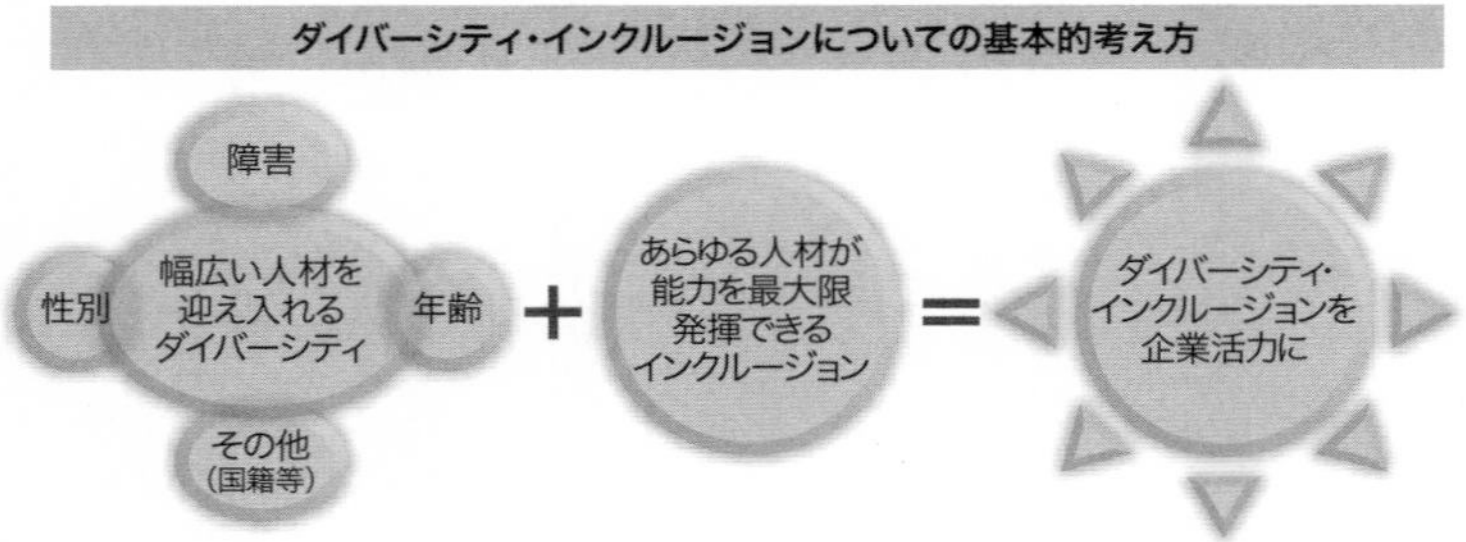

ダイバーシティ・インクルージョン推進に関する経団連の取り組み

経団連の取り組み	①女性の活躍推進（女性の活躍推進委員会） ②若者・高齢者の活躍支援（雇用政策委員会） ③働き方改革（労働法規委員会）	④高度外国人材の受け容れ促進（人口問題委員会） ⑤バリアフリー社会の実現（生活サービス委員会）

（日本経済団体連合会（2017）「ダイバーシティ・インクルージョン社会の実現に向けて【概要】」を参考に筆者が作成）

図3-1　「経団連」によるダイバーシティ・インクルージョンの重要性

図3-1は、日本経済団体連合会（以下、経団連）が2017年に出した「ダイバーシティ・インクルージョン社会の実現に向けて」という報告書の一部です。「幅広い人材を迎え入れる」というダイバーシティと「あらゆる人材が能力を最大限発揮できる」というインクルージョンを融合し、企業活力としていくシステム構築がはじまっているのがわかります。すなわち、「『金太郎飴』的な人材や組織に代わり、異質・異能な人材による創発・協働を通じたイノベーションの創出」（経団連、同報告書）が企業において重視されはじめているのです。また、「人権問題への配慮の更なる高まり」（同報告書）からも企業でのダイバーシティ・インクルージョンは不可避な思想

になっています。

他方で、同図には問題も存在すると考えられます。すなわち、図３-１下段の「経団連の取り組み」における外国人と障害者への扱いについてです。同じくダイバーシティの対象とされている女性①や若者・高齢者②は、その活躍が推進や支援の対象とされています。しかしながら、受け容れが促進される外国人④は「高度」と限定されているのです。また、障害者⑤については「バリアフリー社会の実現」とだけ記載され、活躍や支援の対象という表記はありません。これではサービスの対象者という扱いだと読み取れ、「能力を最大限発揮できるインクルージョン」の対象からは除外されているとも読み取れます。つまり、経団連のダイバーシティ思想は、企業にとって好都合な、高度の「異質・異能」であるという限定がかかっていると考えられるのです。

右肩上がりの成長社会から協働・創造重視の成熟社会への変容が希求されて久しいです。しかし、経済団体のような数値的結果が求められる社会においては、協働の対象が格差の上位層に限定されやすいのでしょう。

筆者は、体育でも同様の、真正とは言い切れないインクルージョンが生じかねないと懸念しています。その理由は、体育には勝敗や記録等、数値的結果に学習者の心情が左右されやすい教科特性が存在するからです。つまり、「勝つためにAさんと同じチームになりたい」「障害児のBさん、運動が苦手なCさん、女子がチームにいると負ける」といった考えが生じやすい教科だということです。結果だけにとらわれる教育方法を採用すると、共生に関わる人間性の涵養に繋がらない可能性があると考えられるのです。

では、どのような共生体育が真正なのか、学校現場で実践される可能性がある共生体育をレベル別に見ていきましょう。

2●エクスクルージョンとダンピング

障害を有する子は、健常児と別に体育を行うのが当然の時代もありました。また、武道とダンスが必修化された後も、男女別習の保健体育が一部の学校や地域で残っています。そのような異質・異能を排除する「エクスクルージョン」（インクルージョンの反対）は、共生レベル０（ゼロ）です（図３‐２左）。画一性が重視された強固で見えないバリアの存在は、異質性に対して排他的な組織となります。加えて、エクスクルージョンでは障害者や性別、人種等、異質な者は別に生きる存在だという負の倫理観や排斥意識を暗黙のうちに子どもたちに植えつけてしまう可能性が否定できないのです。

次は、共生レベル１の「ダンピング」（図３‐２右）です。ダンピングとは「投げ入れ」を意味します。筆者は、２０１７／２０１８年告示の学習指導要領における共生の新設により、多様な児童生徒を通常級に投げ入れ、合理的配慮を講じない「形式的なバリアフリー」状況が少なからず生まれる

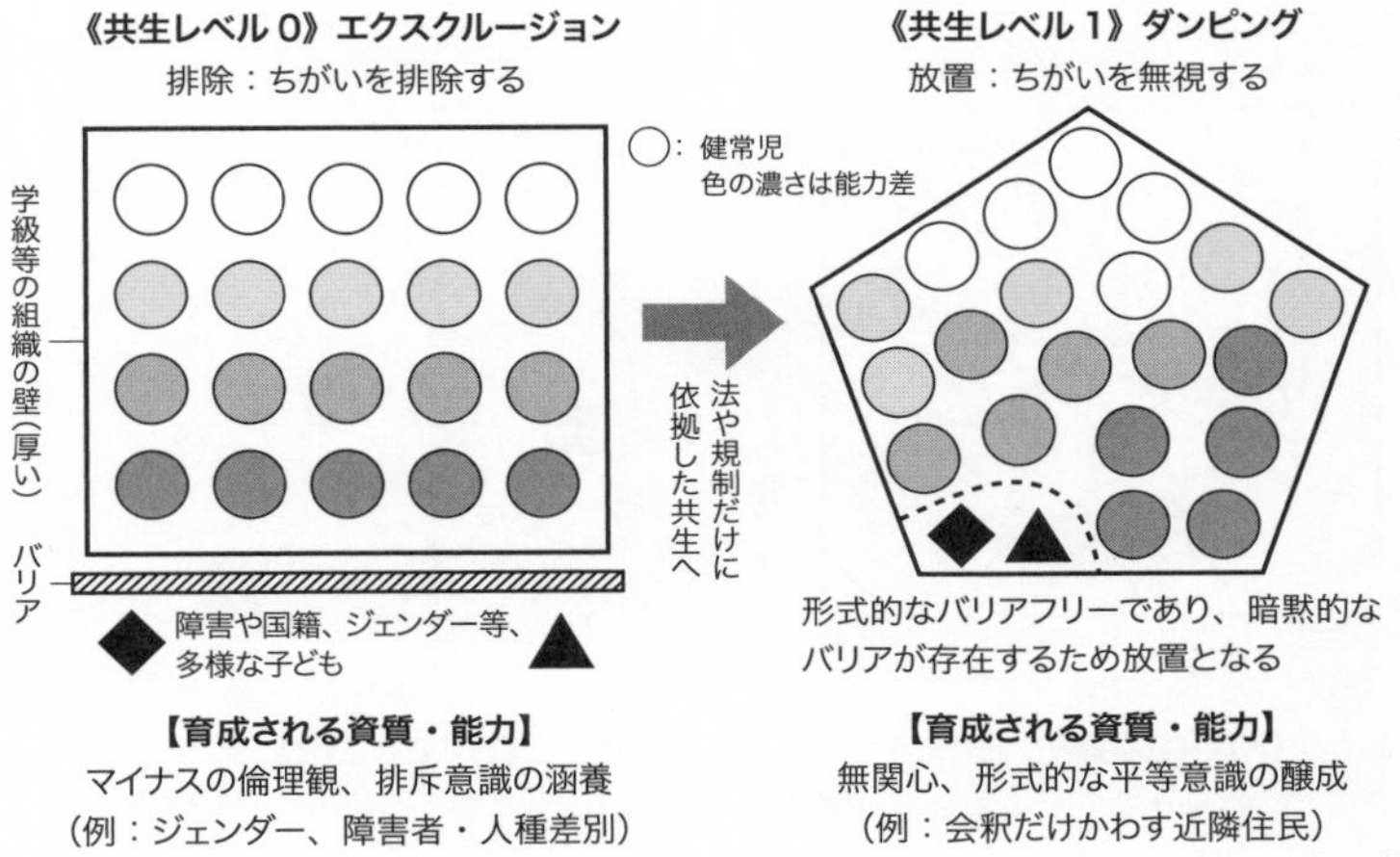
《共生レベル0》エクスクルージョン
排除：ちがいを排除する
学級等の組織の壁（厚い）
バリア
障害や国籍、ジェンダー等、
多様な子ども
【育成される資質・能力】
マイナスの倫理観、排斥意識の涵養
（例：ジェンダー、障害者・人種差別）
○：健常児
色の濃さは能力差
法や規制だけに依拠した共生へ
《共生レベル1》ダンピング
放置：ちがいを無視する
形式的なバリアフリーであり、暗黙的な
バリアが存在するため放置となる
【育成される資質・能力】
無関心、形式的な平等意識の醸成
（例：会釈だけかわす近隣住民）

図3-2　エクスクルージョンからダンピングへの過程

のではないかと懸念しています。同じ学習空間に存在しながらも多様性に対する合理的配慮がない場合、暗黙的なバリアを生み、多様な子は放置されるケースが増えると考えられます。

現在のダンピングは、運動格差という多様性への対応から見てとれます。例えば、運動が苦手な子への配慮がない球技では、できる子だけでパスを回し、できない子が放置／無視されている状況です。これが「見せかけの共生」の一例だといえます。また、「一緒にやらないと『態度』点を下げるぞ」という共生の強制も、合理的配慮に欠け、ダンピングと等しいといえるでしょう。

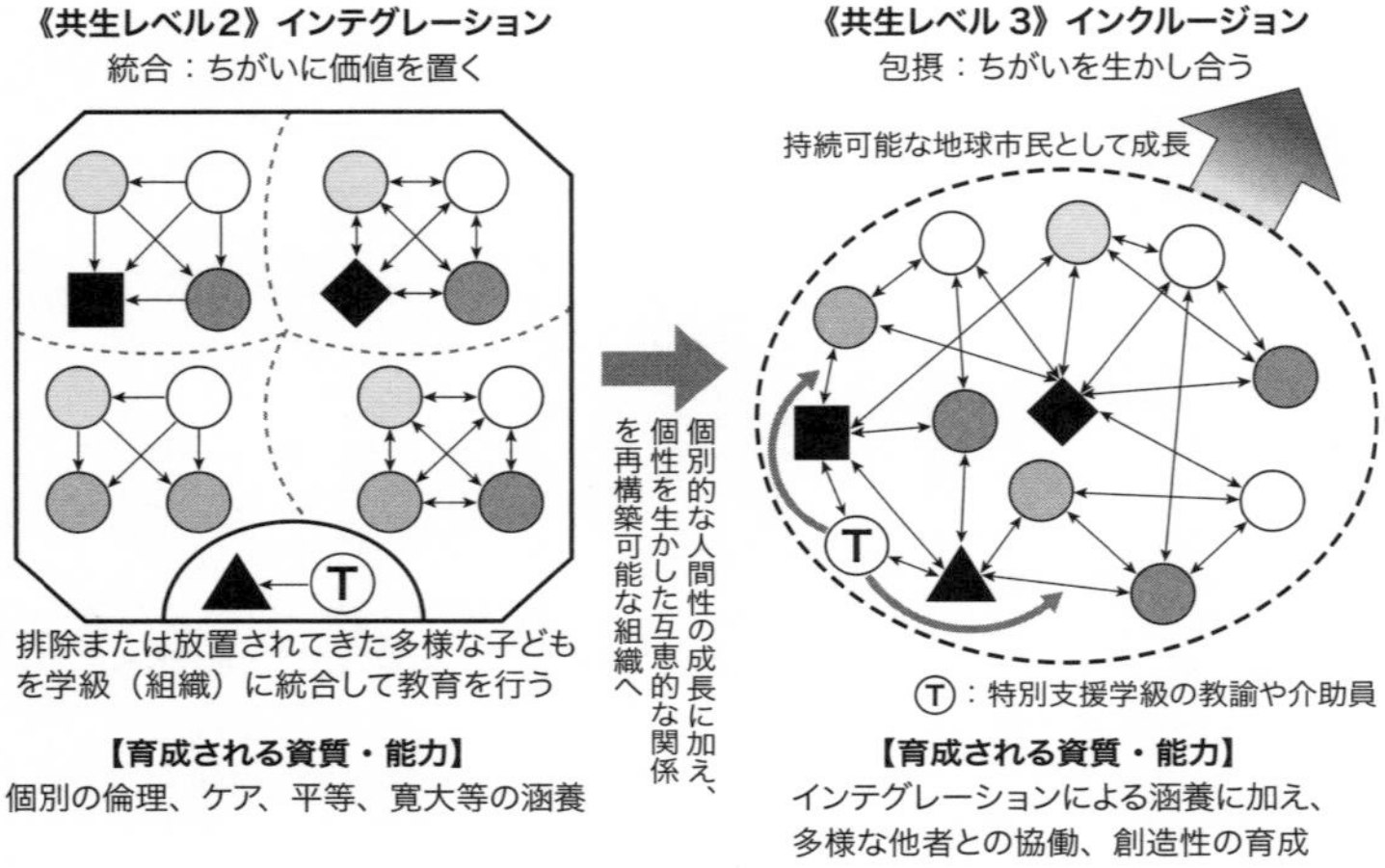
《共生レベル2》インテグレーション
統合：ちがいに価値を置く
T
排除または放置されてきた多様な子ども
を学級（組織）に統合して教育を行う
【育成される資質・能力】
個別の倫理、ケア、平等、寛大等の涵養
個別的な人間性の成長に加え、個性を生かした互恵的な関係を再構築可能な組織へ
《共生レベル 3》インクルージョン
包摂：ちがいを生かし合う
持続可能な地球市民として成長
T
T：特別支援学級の教諭や介助員
【育成される資質・能力】
インテグレーションによる涵養に加え、
多様な他者との協働、創造性の育成

図3-3　ダンバーシティ・インクルージョンへの過程

3●インテグレーションによる共生体育

共生レベル2は、「インテグレーション」（統合）です（図3-3左）。先の2つに比べると「ちがいに価値を置く」という点で、実質的な共生体育に値するレベルだと考えられます。学習指導要領解説体育（保健体育）編（2017／2018）においては、合理的配慮の具体例が記載されています。そのような配慮によって、これまで排除・放置されてきた子どもを統合した体育実践が増え、個々の倫理観やケア意識等、人間性の涵養が期待されます。

このインテグレーションでは2つの注意点があります。1つ目は、支援級の教諭等、大人が過剰に個別支援をすることで、結果的に健常児との間にバリアをつくりかねないという点です。2つ目は、多様な子どもが入っているグループはダイバーシティでありながらも、他のグループとの交流がないと一部だけの統合となりかねないという点です。

4●真正の共生体育＝インクルージョンへ

図3－4は、インテグレーション（図3－3左）に内在しているグループを、多様性の受け容れ（縦軸）と学習デザイン（横軸）で4つの次元に意図的に区分けしたものです。左半分は、正解（技）の獲得を目的にした学習デザインを表します。この手のグループ学習では全体でのコツの共有場面は存在するでしょうが、全ての学習者が直接的に多様な子へのケアを実践することはないでしょう。また、「教え合い」といいながらも、画一的な技を獲得している子が、していない子への一方向的な伝達に終始し、全ての子が能力を最大限発揮できないケースも存在すると考えられます。さらに、画一ルールでの競争場面になれば、「見せかけの共生」に陥ると想像できます。

一方、右半分は、正解が1つではない最適解の協働創造を目的にした互恵的な学び合いの現象を表しています。特に右上は多様な子どもを包摂していることから「真正の共生体育」だといえるでしょう。学び合いの各グループは、多面的・多角的に思考できる能力を重視するため、チーム間の交流の

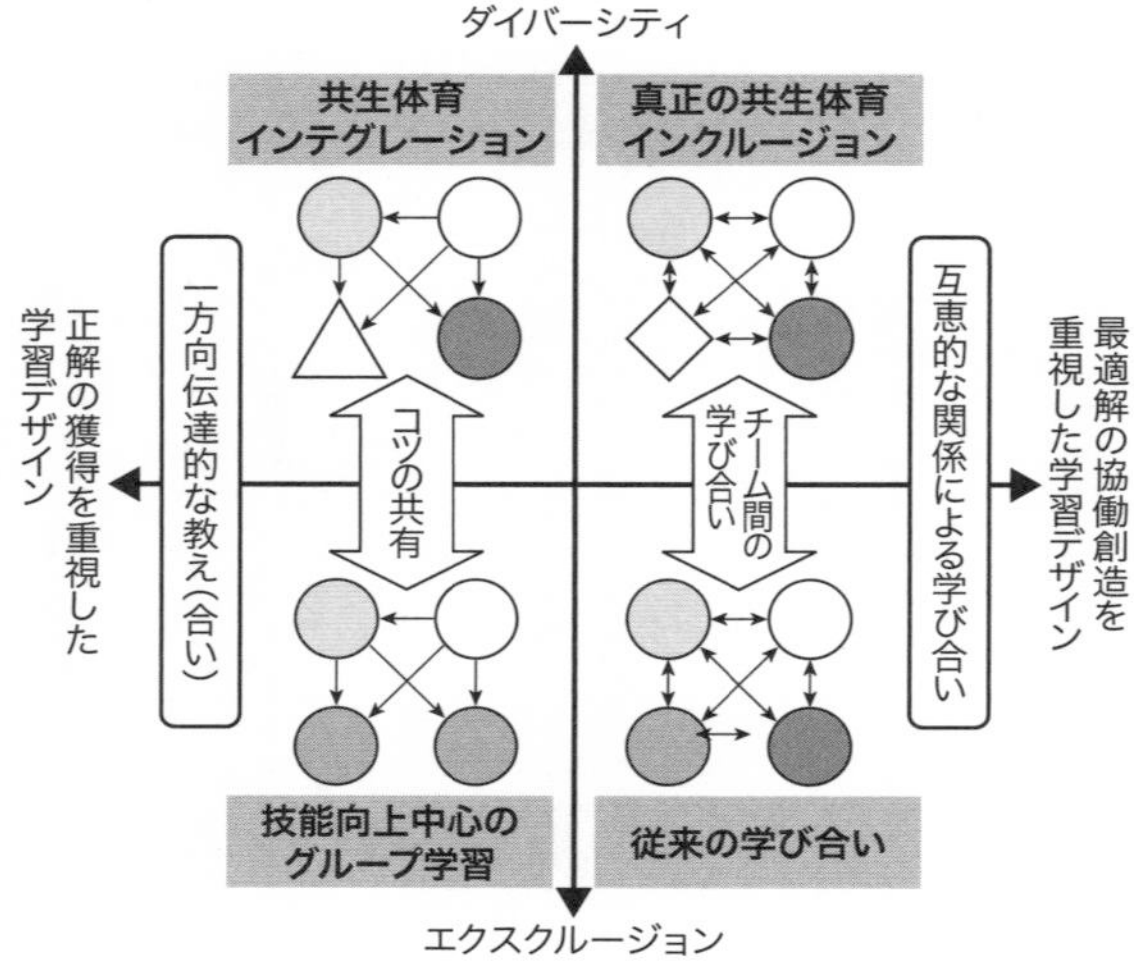

図3-4　多様性の受け容れと学習デザインによって表出する4つの次元

必然があり、多様な子どもと多くの学習者が関わり合いやすくなります。競争場面では、多様な子への適合（アダプテーション）ルールを協働創造する等、主体的・対話的に「私たちみんなのスポーツ」を深く学ぶと考えられます。また、共生という体育の新しい価値を全ての学習者に学ばせるためには、多様な子が、多くの子と関わり合う「繋ぎ役」としての教師行動が求められてきます(図3-3右)。

「真正の共生体育」とは、多様性を受け容れ、個々の能力を最大限発揮し合いつつ、よりよい自分づくり、学級づくり、運動世界づくりの三位一体のイノベーション（革新）であると考えられます。

高田彬成

第4章 2017年告示の学習指導要領と体育科におけるインクルーシブ教育

1 はじめに

2016（平成28）年12月21日の中央教育審議会答申においては、インクルーシブ教育の重要性について次のように示されました。

障害者の権利に関する条約に掲げられたインクルーシブ教育システムの構築を目指し、子供たちの自立と社会参加を一層推進していくためには、通常の学級、通級による指導、特別支援学級、特別支援学校において、子供たちの十分な学びを確保し、一人一人の子供の障害の状態や発達の段階に応じた指導や支援を一層充実させていく必要がある。（中略）通常の学級においても、発達障害を含む障害のある子供が在籍している可能性があることを前提に、全ての教科等において、一人一人の教育的ニーズに応じたきめ細かな指導や支援ができるよう、障害種別の指導の工夫のみならず、各教科等の学びの過程において考えられる困難さに対する指導の工夫の意図、手立ての例を具体的に示していくことが必要である。

このことを踏まえ、２０１７年の学習指導要領改訂では、障害のある児童生徒の指導に当たっては、個々の児童生徒によって、見えにくさ、聞こえにくさ、道具の操作の困難さ、移動上の制約、健康面や安全面での制約、発音のしにくさ、心理的な不安定、人間関係形成の困難さ、読み書きや計算等の困難さ、注意の集中を持続することが苦手であることなど、学習活動を行う場合に生じる困難さが異なることに留意し、個々の児童生徒の困難さに応じた指導内容や指導方法を工夫することが重要です。

2 小学校体育科の指導

小学校の指導に当たっては、当該児童の運動（遊び）の行い方を工夫すると共に、活動の場や用具、補助の仕方に配慮するなど、困難さに応じた手立てを講じることが大切です。このことについては、小学校学習指導要領解説体育編（２０１７）において、障害のある児童に対する配慮の例として次のように示しています。

・複雑な動きをしたり、バランスを取ったりすることに困難がある場合には、極度の不器用さや動きを組み立てることへの苦手さがあることが考えられることから、動きを細分化して指導したり、適切に補助しながら行ったりするなどの配慮をする。

・勝ち負けに過度にこだわったり、負けた際に感情を抑えられなかったりする場合には、活動の見通しがもてなかったり、考えたことや思ったことをすぐに行動に移してしまったりすることがあることから、活動の見通しを立ててから活動させたり、勝ったときや負けたときの表現の仕方を事前に確認したりするなどの配慮をする。

各学校においては、こうした点を踏まえ、個別の指導計画を作成し、必要な配慮を記載し、翌年度の担任等に引き継ぐことなどが必要となります。

また、このことに関連して、小学校学習指導要領（２０１７）体育科の「指導計画の作成と内容の取扱い」において、次の通り示しています。

学校や地域の実態を考慮するとともに、個々の児童の運動経験や技能の程度などに応じた指導や児童自らが運動の課題の解決を目指す活動を行えるよう工夫すること。特に、運動を苦手と感じている児童や、運動に意欲的に取り組まない児童への指導を工夫するとともに、障害のある児童などへの指導の際には、周りの児童が様々な特性を尊重するよう指導すること。

このことは、各領域の内容を指導する際、学校や地域の実態を考慮するとともに、個々の児童の運動経験や技能の程度などに応じた指導に留意すること及び、児童自らが運動の課題の解決を目指す活動を行えるよう指導方法を工夫することを示したものです。

特に、運動を苦手と感じている児童や、運動に意欲的に取り組まない児童への指導については、児童の実態に応じた指導の工夫を図ることが大切であること及び、障害のある児童などへの指導の際には、当該児童への個に応じた指導はもとより、周りの児童への指導として、様々な特性を尊重することができるよう留意することが重要であることを示しています。

小学校学習指導要領解説体育編（２０１７）では、全ての運動領域において、「運動が苦手な児童への配慮の例」及び「運動に意欲的でない児童への配慮の例」を示しました。このことは、障害のある児童を含め、児童一人ひとりの学習状況に応じた指導の重要性を示したものとなっています（紙面の関係で、２つ例示します）。

・体つくり運動において、回るなどの動きでバランスをとることが苦手な児童には、できそうなところに目印を置いて回ったり、軸になる足の位置に輪を置いたりするなど、回りやすくする場をつくるなどの配慮をする。

・ボールが固くて恐怖心を抱いたり、小さくて操作しにくかったりするために、ゲームに意欲的に取り組めない児童には、柔らかいボールを用意したり、大きなボールやゆっくりとした速度になる軽めのボールを用意したりするなどの配慮をする。

3 中学校保健体育科の指導

中学校の指導に当たっては、体力や運動能力の個人差がさらに広がることから、生徒の障害に起因する困難さに応じて、複数教員による指導や個別指導を行うなどの配慮をすること及び、個々の生徒の困難さに応じた指導内容や指導方法については、学校や地域の実態に応じて適切に設定することが大切であるとしています。

中学校学習指導要領解説保健体育編（２０１７）において、体育分野における配慮の例として次のように示しています。

・見えにくさのため活動に制限がある場合には、不安を軽減したり安全に実施したりすることができるよう、活動場所や動きを事前に確認したり、仲間同士で声を掛け合う方法を事前に決めたり、音が出る用具を使用したりするなどの配慮をする。
・身体の動きに制約があり、活動に制限がある場合には、生徒の実情に応じて仲間と積極的に活動できるよう、用具やルールの変更を行ったり、それらの変更について仲間と話し合う活動を行ったり、必要に応じて補助用具の活用を図ったりするなどの配慮をする。
・リズムやタイミングに合わせて動くことや複雑な動きをすること、ボールや用具の操作等が難しい場合には、動きを理解したり、自ら積極的に動いたりすることができるよう、動きを視覚的又は言語情報に変更したり簡素化したりして提示する、動かす体の部位を意識させる、操作が易しい用具の使用や用具の大きさを工夫したりするなどの配慮をする。

・試合や記録測定、発表などの状況の変化への対応が求められる学習活動への参加が難しい場合には、生徒の実情に応じて状況の変化に対応できるようにするために、挑戦することを認め合う雰囲気づくりに配慮したり、ルールの弾力化や場面設定の簡略化を図ったりするなどの配慮をする。

・日常生活とは異なる環境での活動が難しい場合には、不安を解消できるよう、学習の順序や具体的な内容を段階的に説明するなどの配慮をする。

・対人関係への不安が強く、他者の体に直接触れることが難しい場合には、仲間とともに活動することができるよう、ロープやタオルなどの補助用具を用いるなどの配慮をする。

・自分の力をコントロールすることが難しい場合には、状況に応じて力のコントロールができるよう、力の出し方を視覚化したり、力の入れ方を数値化したりするなどの配慮をする。

・勝ち負けや記録にこだわり過ぎて、感情をコントロールすることが難しい場合には、状況に応じて感情がコントロールできるよう、事前に活動の見通しを立てたり、勝ったときや負けたとき等の感情の表し方について確認したりするなどの配慮をする。

・グループでの準備や役割分担が難しい場合には、準備の必要性やチームで果たす役割の意味について理解することができるよう、準備や役割分担の視覚的な明示や生徒の実情に応じて取り組むことができる役割から段階的に取り組ませるなどの配慮をする。

4●おわりに

生涯にわたって豊かなスポーツライフを実現する資質・能力を育成するための指導の1つとして、体力や技能の程度、性別や障害の有無等にかかわらず、運動やスポーツの多様な楽しみ方を児童生徒の発達の段階に応じて味わえるようにすることが大切です。合理的な配慮に基づき障害の有無にかかわらずスポーツを共に楽しむための工夫をする経験は、スポーツを通した共生社会の実現に繋がる学習機会としても重要です。

身体活動を伴うからこそ、一人ひとりの困難さの状況に目を向け、適切に手立てを講じることにより、児童生徒が共に学び共に伸びる体育・保健体育学習の充実を目指していくことが求められます。

中道莉央

第5章 障害のある子／ない子が共に学ぶ体育に求められる工夫
――アダプテッド・スポーツの視点から

1 学校で求められる合理的配慮

２００６年の国連総会で「障害者権利条約」が採択されてから、わが国では２０１４年にようやく批准・発効を果たしました。ここで謳われているのが、障害のある子どもが通常学級に在籍し、障害のない子どもと共に学ぶ権利の保障で、インクルーシブ教育を推進することです。２０１６年には「障害者差別解消法」が制定され、今後ますますこの動きを加速させるために、「障害のある者と障害のない者が共に学ぶ仕組み」が重視されています。そのために学校は障害のある子どもに「合理的配慮」

を提供する義務があり、この否定は「障害を理由とする差別」にあたります。合理的配慮はこれからの教育現場に与えられる大きなテーマの1つといえるでしょう。

そこで本章では、障害のある人のスポーツから、障害のある子ども／ない子どもが共に学ぶ体育に求められる工夫について、①発揮できる役割の視覚化、②個に応じた課題の焦点化、③価値の共有化、④多様性の尊重の4つのキーワードから考えてみたいと思います。

2●アダプテッド・スポーツとは

アダプテッド・スポーツとは、スポーツのルールや用具を障害の種類や程度に適合（adapt）させることによって、障害のある人はもちろんのこと、幼児から高齢者、女性や体力の低い人であっても参加することができるスポーツのことです。

つまり、アダプテッド・スポーツの最大の特徴はルールと用具の工夫にあり、障害等による身体的な状態のちがいに公平性の基準を示し、失われた機能を補う用具等を使用することで、多様な人がスポーツに参加することを保障します。

(1) 車いすバスケットボールに学ぶ

2020年の東京パラリンピックでは22競技が実施されますが、その中でも花形と称されるのが車いすバスケットボールです。スタンディングで行うバスケットボールと同じ5対5のチームスポーツで、障害程度が異なる選手がチームを組んで戦います。車いすバスケでは、障害程度を点数に置き換えたポイント制が導入されています。障害の軽い選手ほど大きくなるように、選手一人ひとりに1・0~4・5点の持ち点が与えられ、出場する5名の合計が14・0点を超えてはならないというルールです。これにより障害の重い選手の出場機会が保障される等、チーム内やチーム間での公平性が保障されます。

これまでの体育は近代スポーツの多くがそうであるように、多様な身体を一緒に競争させるのではなく、同程度の能力によって分離し、別々に競争させてきました。しかし、このポイント制を前提とすれば、障害のある子どもとない子どもが同一のルール上で体を動かすことが可能になり、この考え方は様々な場面で応用することができます。

河西(2013)は「自分の『持ち点(≒障害程度)』ではどのようなプレイができるのか、期待されているのかを考えることによって、自己の身体は障害程度(できる/できない)を象徴するものではなく、車椅子バスケットボールをする上での『役割』を遂行する主体として意味づけが可能」であると指摘しています。つまり、ポイント制は、個々が発揮できる役割を視覚化し、個の能力に応じ

写真5-1　ハンドサッカー（日本ハンドサッカー協会より提供）

た課題を焦点化させ、共通の目標達成を目指す価値の共有化を図っているといえます。

(2)ハンドサッカーに学ぶ

重度の障害のある子どもにも参加できるよう東京都の特別支援学校で考案されたハンドサッカー（写真5-1）は大変興味深い競技です。

一般的にどのボールゲームでも参加の前提条件はボールが保持（キャッチ）できることになりますが、ハンドサッカーでは上肢でのボール保持が困難な選手は体や車いすにボールが当たった（タッチした）時点で保持とみなされます。この選手は、〝キャッチできない選手〟ではなく、〝タッチによりキャッチする選手〟として黄色いハチマキを着用します(発揮できる役割の視覚化)。また、シュートの距離や方法、ボールの大きさ等は個々の障害の程度に合わせて設定します（個に応じた課題の焦点化）。柔軟なルールによって、得点を競い合うという共通の課題達成を同じ空間で目指しながら、それぞれの力を発揮することで仲間との一体感が得られるのです（価値の共有化）。

(3)ボッチャに学ぶ

ボッチャは、重度な機能障害のある人のためにヨーロッパで考案されたカーリングに似た競技で、２０１６年のリオパラリンピックで日本は銀メダルを獲得しています。全身がほとんど動かせなくても、指や口にくわえた棒でボールを押し出したり、目線で介助者に意思を伝えてランプと呼ばれるスロープの角度や方向を調整したりして投球します。この時、介助者はコートやボールを見ることができず、選手に話しかけたり合図を送ったりすることも禁止されています。これは、重度な障害のある選手の意思や参加の在り方を尊重したルールです（多様性の尊重）。

先に述べた障害者差別解消法のリーフレット（内閣府）では、「本人を無視して、介助者や支援者、付き添いの人だけに話しかける」ことは不当な差別にあたると記されています。これは筆者自身が実際に障害のある当事者の方からもお聞きする話で、この他にも「○○できなくて困っているだろうから○○してあげる」と、一方的な支援を受けた話を耳にしたことがあります。ボッチャに見る多様な参加の在り方を尊重する姿勢は、日常生活においても通ずるものでしょう。思うように体が動かせない困難さを抱えていても、本人の意思を尊重した支援があればスポーツに参加できることを知ることは、何らかの支援があれば障害のある人と共に生活できることを知ることにも繋がります。

3 おわりに

アダプテッド・スポーツでは、ルールや用具の工夫により「できない身体をできる身体に変える」だけでなく、先のハンドサッカーやボッチャの例のように「できない身体をそのまま持ち込んで競技に参加する」ことを保障しています。

国際パラリンピック委員会は、「障害が理由で実現できないことをできるようにすることは、ルール違反ではない」として、ルールの例外を設けています。例えば、一般的な卓球ダブルスでは選手が交互にボールを打たなければなりませんが、車いすの卓球ダブルスでは交互でなくてもよい等です。この時、その運動の「本質」は何か、「できる／できない」をどのように解釈するかが重要になります。障害のある子どもは確かに、「障害によってできない・してはいけないこと」がある場合もありますが、障害のない子どもと同じように「いま、できること」や「いまはできないけど、これからできそうなこと」がたくさんあります。教師は、目の前の子どもたちからどのような姿を引き出したいのかを考えながら、子どもの発達・成長（個人因子）を見取り、ルールや用具等（環境因子）を整えることが求められます。

このアセスメントツールとして、WHO（2001）の国際生活機能分類（ICF）という障害の捉え方は大いに参考になるでしょう。また、独立行政法人国立特別支援教育総合研究所は、「インクルーシブ教育システム構築支援データベース」に合理的配慮の事例を紹介していますので、ここにも活用できるものがあるかもしれません。合理的配慮は個別の事例に対する障壁を取り除くことを意図し、「個性への対応」という視点が明確に示されています。授業を担当される先生だけでなく、学校全体で、本人や保護者を含む周囲との対話による解決策を模索する姿勢が求められます。

体育が運動・スポーツ文化を継承し、発展させる教科であるならば、「障害のある友達と一緒に運動できて楽しかった」「思っていたよりもいろんなことができてすごいと思った」等の感想に留まるだけでは、真正のインクルーシブ体育とはいえません。子どもたちに培ってほしい力とは、多様な身体を有する仲間と共に体を動かし、その喜びや楽しさをわかち合うためにはどのようなルールや用具の工夫ができるかを思考し、創造する力ではないでしょうか。運動・スポーツを「する・みる・支える・知る」と共に、「創る」力の育成です。決められたルールの中でいかに高い技能を発揮するかを追求する時代は終わり、運動・スポーツの多様な在り方を追求し、ルール自体を変えていこうとする柔軟な思考力・判断力・表現力の育成がこれからの体育に求められています。

〈引用・参考文献〉

◎井上明人（2017）「多様な身体を包摂する拡張パラリンピック計画：オリンピックとパラリンピックを融合する新たなスポーツのルール設計」．第二次惑星開発委員会．PLANETS vol.9、pp.88‐95．
◎河西正博（2013）「クラス分けとは何か」．清水諭編『現代スポーツ論』29．創文企画、pp.101‐107．
◎中小路徹（2016）「子どもとスポーツ 第13部 障害を越えて（下）：プレーいろんな仲間と」．朝日新聞東京本社朝刊、スポーツ13版、2016年5月18日．
◎西村修一（2014）合理的配慮とICFの活用．クリエイツかもがわ、pp.3‐4．
◎大熊廣明監修・こどもくらぶ編（2017）障がい者スポーツ大百科②いろいろな競技を見てみよう．六耀社、p.7、22、25．

梅澤秋久

第6章 豊かなスポーツライフの実現と共生体育
——「落ちこぼれ」だけでなく「吹きこぼれ」もつくらない

第1部（理論編）の最終章にあたる本章では、豊かなスポーツライフの視点から改めて共生の意義を述べ、共生体育を実践する上での懸念材料であろう「評価」と「落ちこぼれ」「吹きこぼれ」への対応について論じていきます。

1●豊かなスポーツライフの現状

スポーツ庁による2018（平成30）年度の「スポーツ実施状況の世論調査」において、成人全般

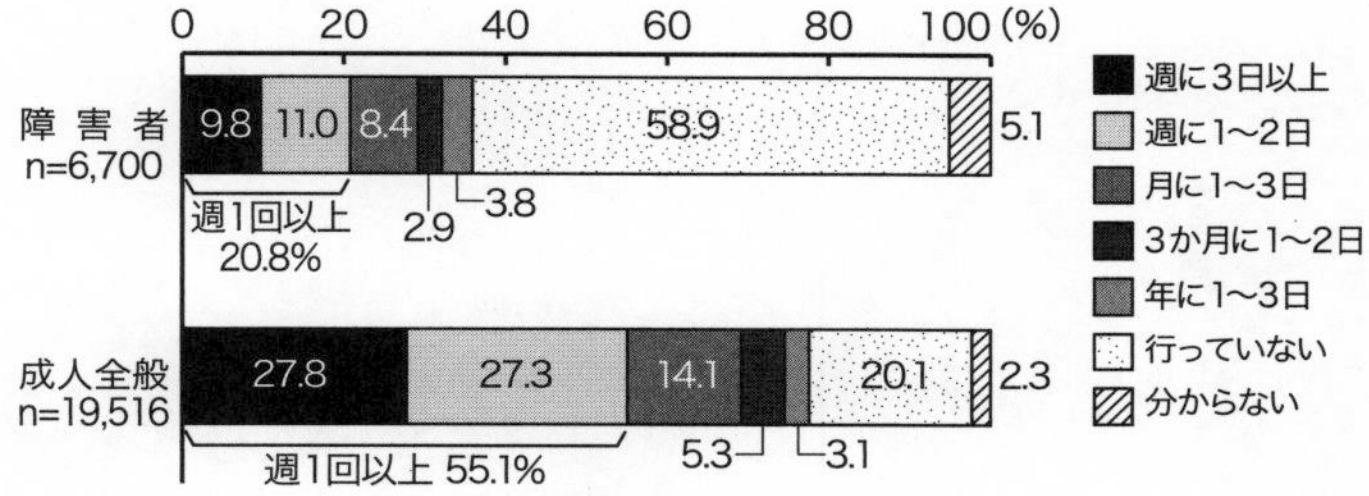

図6-1　過去1年間にスポーツ・レクリエーションを行った日数（20歳以上）

の週に1回以上のスポーツ実施率は55・1%でした。2017（平成29）年度が51・5%であり、2016（平成28）年度が42・5%であった点を考えれば、右肩上がりの状況です。

他方で、成人の3割近くは、スポーツ実施が「3か月に1〜2日」以下であり（図6‐1下段）、そのうちの20・1%は過去1年間でスポーツを全く「行っていない」という、スポーツ実施の二極化現象も垣間見られます。

さらに看過できない問題は、障害者のスポーツ実施率です（図6‐1上段）。週に1回以上のスポーツを実施している障害者の割合は20・8%にとどまります。また、過去1年間にスポーツを全く「行っていない」障害者の割合は58・9%であり、半数以上が豊かなスポーツライフとは真逆の生活を送っているといえます。

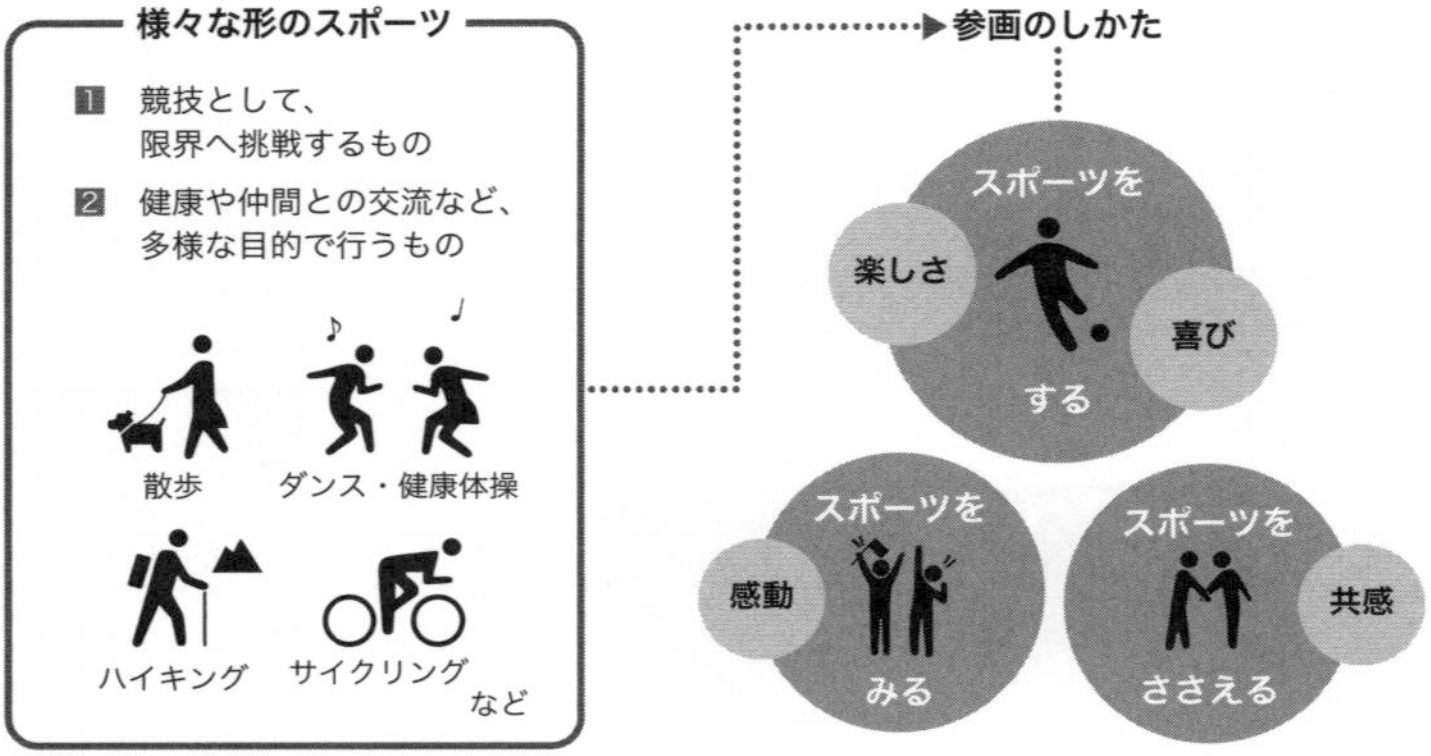

図6-2　参画人口増加に向けたスポーツの再定義（スポーツ庁）

もちろん、障害者の中には運動制限を課せられている方もいらっしゃるでしょう。また、以前ならば、そもそも障害者に競技スポーツが必要なのかという議論も起こったかもしれません。しかし時代は変わり、スポーツの捉え方も大きく変化してきているのです。

2●新しいスポーツの定義

スポーツ庁は2017（平成29）年に「第2期スポーツ基本計画」を改定し、日本におけるスポーツの定義を大幅修正しました。すなわち、「(1)競技として限界に挑戦するもの」だけでなく、「(2)健康や仲間との交流など、多様な目的で行うもの」も加えたのです。図6-2に示されている通り、散歩やダンス・健康体操等、競争を伴わない「身体活動」（U

NESCOの「体育・スポーツ・身体活動に関する国際憲章」におけるphysical activity）も「スポーツ」（sports）に内包したということです。

また、「する」スポーツに加え、「みる」や「ささえる」というスポーツ参画の方法も提唱しています。なお、２０１７年告示の学習指導要領では、生きて働く「知識・技能」という資質・能力の柱が存在するため、「する・みる・支える」に「知る」が加えられています。さらに、同学習指導要領の体育ではＵＮＥＳＣＯの「良質の体育Quality Physical Education：ＱＰＥ」の中核であるインクルージョンの理念も「共生」として掲げられました。

つまり、スポーツの定義が大きく変わり、年間40兆円にも上る国民医療費の削減に資する心と体の健康志向も加えられたのです。また、これからの学校体育では、障害者も含む全ての人が共に豊かなスポーツライフを送るための資質・能力を育成することが求められているのです。

3●「運動好き」の育成へ

成人してからも「運動実施」している（＝豊かなスポーツライフ実践をされている）のはどのような人でしょうか。

この質問を投げかけた時の最も多い回答は「子どもの頃に運動をしていた人」ですが、残念ながら不正解です。

鈴木（２００９）によれば、子ども時代の「運動経験」だけでは全く影響しない（パス係数が-.05）といいます。しかし、子どもの頃に「運動経験」があり、かつ大人になってからの「運動好意度」が高い人は成人してからも「運動実施」率が高いそうです。つまり、全ての人の豊かなスポーツライフ実践のためには、「運動好き」の維持が重要だと考えられます。

一方で、「運動好き」から子どもを遠ざけかねない体育の現状として、本書の【はじめに】で述べた４つの問題点が挙げられます（詳細はⅳ～ⅹページ参照）。

⑴競技志向による問題
⑵共通の到達目標による問題
⑶体力テストの平均値向上を目指す問題
⑷体育教師の身体性による問題

これら４つの懸念は、「運動好き」を減らすだけでなく、共生を阻害する＝「良質の体育」から遠ざかることにも繋がると理解できます。

4●「落ちこぼれ」をなくす学習と指導と評価の一体化

障害の有無、性差、体格差、能力差等の「ちがい」のある学習者同士が学び合う場合、懸念されるのは、「落ちこぼれ」と「吹きこぼれ」が生まれることです。

そもそも「落ちこぼれ」とは、「みんなで同じことを、同じペースで、同質性の高い学級の中で、教科ごとの出来合いの答えを、子どもたちに一斉に勉強させるという150年前から変わらない工業型社会の学校のシステム」（苫野2019）による問題です。工業型社会（Society 3.0）では「言われたことを言われた通りに」できる、上質で均質の労働者を求めていました。しかし、AIにより必要な情報が必要な時に提供される社会（Society 5.0）に向かっている現在、そのような教育は、限界を迎えているといえます。

体育においては、文化としてのスポーツを、特性（その運動にしかない面白さ）に応じて、「ちがい」を相互承認しつつ実践する学習指導が求められているのです。

評価については、新しい資質・能力に準拠した3観点に変更されながらも、到達度評価という「目標―達成―評価」型のカリキュラムに依拠しやすいシステムが踏襲されることになりました。この評価システムは「全員に同じ知識や技能を獲得させる」という教育方法に傾斜させやすいので注意が必要でしょう。ポイントを以下に述べておきます。

3つの資質・能力の中核は、未知の状況に対応するための「思考力・判断力・表現力」であり、「思考・判断・表現」の観点として扱われます。つまり、スポーツ文化を「ちがい」のある学習者同士が主体的・対話的に深く味わい合うために発揮するのが「思考力・判断力・表現力」と考えると「良質の体育：QPE」に繋がりやすいと思われます。

また、「学びに向かう力・人間性等」という資質・能力の柱は、「主体的に学習に取り組む態度」という観点になります。すなわち、自ら学習を調整する力であり、多様なメンバーで構成される自分たちの学習状況をメタ認知し、主体的に粘り強く学ぶ力だといえます。その際、仲間同士の対話的な学び合い、ICT機器の活用等が重要になると考えられます。なお、人間性（感性・思いやり等）に関しては個人内評価として評定に含めないことになっています。

さらに、「知識・技能」は、従来の種目内の系統性に加えて、他の種目にも生きて働く汎用的な知識・技能として捉え直す必要もあるでしょう。なぜなら、従来の系統的に配置された技能は学校という社会だけで完結する内容もあるからです。

これらの観点別の学習状況を見とる評価指針であるルーブリックを作成する際に、共生の視点を前提にすれば、「落ちこぼれ」を生みにくい学習デザインになると考えられます。

なお、これらの3つの資質・能力の観点は、「バランスよく」評定に活用するとのこと（高田2019）なので、車椅子の学習者が走り高跳びの技能の基準を満たしていなくても、知識があり、他者との学び合いの中で「思考力・判断力・表現力」や「主体的に学習に取り組む態度」を発揮できれば、応分の評定が満たされると考えられます。

5●「吹きこぼれ」させない

「吹きこぼれ」とは、「落ちこぼれ」の反対の状況です。そもそも能力が十分にあるにもかかわらず一律一斉指導でみんなが足並みを揃えなければならない状況では、「落ちこぼれ」だけでなく「吹きこぼれ」も同時に生まれやすいといえます。

健常児が障害児に、あるいは運動格差の高水準層が低水準層に合わせ「手を抜いてあげる」という配慮や忖度が生まれるクラスは人間関係が良好かもしれません。

しかし、勝利が目的化された途端に、その様相は一変するでしょう。たとえ、「全員がボールに触らないとシュートができない」というルールを教師が加えたとしても、ゲーム開始直後に格差の低水準の子らにボールに触れさせ、その後は「できる」子たちだけでプレイするといった「やらせ共生」となりかねません。

「吹きこぼれ」防止には、①低水準児に運動の特性を味わわせるために、能力が高い学習者が、自身の力を最大限に発揮する、②全員にとって画一ではないルールをつくるといった工夫が考えられます。

①と②の共通点は、結果の勝敗を目的化せず、運動の特性（例えば、ゴール型の「突破する／させない」）に関する局面の50：50の面白さを全学習者が大切にするということです。個人種目においては、個々に応じた「できる／できない」の50：50に、教師やクラスメイトが寄り添うことが大切です。

①の例としては、「突破を楽しもう」というサッカー授業では、サッカー部の生徒が相手チームの数名を引きつけ、苦手な仲間がフリーの状況でパスをもらえるようにするといった具合です。水泳のような個人種目では、水の中をスーッと進むストリームラインを意識して「みせる」ことで高水準層学習者の技能の意識化にも繋がるでしょう。

②は、第3部で紹介する「アダプテーション・ゲーム」のような、全員が運動の特性をより深く味わうためのルールづくりの学び合いです。「サッカー部の生徒は非利き足だけ」にしたり、障害がある子が参加しやすい合理的なルールをつくったりといった具合です。

6●まとめにかえて

我々には納税の義務（ルール）がありますが、所得税は収入によって課税率が変わります。全体の福祉・共生を考えれば当然なのでしょう。共生が謳われた体育は、競技スポーツ者の育成科目ではありません。つまり、多様な学習者を画一のルールで縛りつけてはならないのです。

改めて体育の存在意義は、健康の保持増進とスポーツ自体の面白さに没頭する中で文化としてのスポーツを深く味わうことです。ただし、多様な全ての子どもたちが、相互に学び合う中でという条件のもとにおいてです。

＊

令和という新しい時代では、真正の「共生体育」を広く実践し、全ての人の豊かなスポーツライフの実現に繋げなければなりません。そのために、この後の第2〜5部は【実践編】として「共生体育」の実践事例を紹介していきます。

真正の「共生体育」である「ダイバーシティ・インクルージョン」は、その多様性によって対応が異なります。以下の実践事例が読者のイマジネーション（想像）を誘発し、眼前の子どもたちの共生的な学び合いをクリエーション（創造）する参考になれば幸甚です。


〈引用・参考文献〉

◎鈴木宏哉（2009）「どんな運動経験が生涯を通じた運動習慣獲得に必要か？：成人期以前の運動経験が成人後の運動習慣に及ぼす影響」．発育発達研究41：1‐9．
◎苫野一徳（2019）「学校」をつくり直す．河出書房新社．
◎高田彬成他（2019）「〈座談会〉これからの体育の学習評価を展望する」．体育科教育67（5）．

第2部

【実践編①】

障害のある子とない子の共生を中心に

朝倉了健、露木隆夫、梅澤秋久

第7章 インクルーシブ体育の導入

――成功に導く教師のはたらきかけの実践例

1●インクルーシブ体育の導入に向けての授業づくり

「みんなでたのしく、なげるあそびをしよう！」（全6時間単元）の授業は、特別支援学級（以下、支援級）の児童を包摂するインクルーシブ体育の導入を試みたものです。

本実践は、体育授業を全ての児童にとってよりよいものにするための授業改善を前提としています。その中で、障害がある児童や健常児にどんな変化が起こるのか、双方にどんなメリットがあるのかを模索し、インクルーシブ体育の意義を明らかにすることを目的としました。

表7-1　単元を通じた活動の種類と概要

活動Ⅰ	○5つの場をグループごとにローテーション ・高いボールを投げる場 ・ミニヴォーテックス※を投げる場 ・段ボールの的を倒したり落としたりする場 ・バウンドキャッチボールをする場 ・跳ね返ってきたボールをキャッチする場
活動Ⅱ	○グループで協力して的あて 両側からボールを投げて的を押し合うゲーム (3時間目から競争要素を盛り込んだ)

※楕円球の後方部に羽がついており、速く上手に投げられると音が鳴る投道具

本実践は、横浜市立公立小学校の第1学年の1学級（男子13名、女子14名、支援級児童：男子2名）計29名を対象に、2015年10～11月に行われたものです。それまで全教科をエクスクルージョンで教育を行っており、本単元が通常級児童と支援級児童とがはじめて共に学ぶインクルージョン授業となりました。

授業の流れは全員がわかりやすいように、活動Ⅰ、活動Ⅱと明確に区別しました（表7-1）。

活動Ⅰでは、多種多様なモノや場を準備し、児童が運動に没頭しつつ主体的に活動に取り組めるような学習環境をデザインしています。

活動Ⅱでは、協働達成を通して他者と関わる必然のあるゲームをつくりました。毎時間後、アクションリサーチによって解釈した児童の学びの様相から、細かい場の設定や発問を改善しながら実践を継続しました。

2●インクルーシブ体育で見えてきた意義

(1)通常級の児童の変容

他教科での交流はないため6時間だけのインクルーシブ体育でしたが、通常級の児童の行動には大きな変容が表れました。具体的には、通常級の児童が、支援級児童を優しく受け容れる態度が増加したのです（写真7-1）。当初、支援級児童に優しく手を差し伸べるのは同じチームの一部の児童だけでした。しかし、単元後半には、チームの垣根を越え、たくさんの児童が支援級児童に優しく関わる姿が見られるようになったのです。

この関わりの広がりはなぜ起こったのでしょうか。その要因として、①協働要素を高めるテーマやルール設定（例えば「大きな　はこを　力をあわせてたおそう」）、②テーマに即したモノの準備（複数の大きな的は、縦横1ｍを超える段ボール箱）、③それらのテーマやルール、モノから導き出される協働的な投運動、の3点が解釈されました。しかし、もっとも通常級児童の変容に影響を与えたのは、教師行動の変容だったと考えられます。

単元当初、授業者は支援級児童に個別につき、次の活動の場や活動内容を丁寧に教えていました。しかし、その教師行動が子ども同士の関係を分断しているのに気づいた教師は、単元途中から支援級児童に対して「お友達に聞いてごらん」など、児童同士を「繋ぐ」言葉かけを意識しはじめました。

写真7-1　支援級児童への受容的態度の一例

支援級児童2名は軽度の障害であったため、言語でのコミュニケーションが可能だったのです。さらに、教師が児童同士のよい関係性を見つけ、即時的に称賛を与え、全員の前で価値づけを行ったことが、チームの垣根を越えたケアを生んだと考えられます。

この優しく受け容れる態度の広がりは、より多くの児童の「多様な他者とのコミュニケーション能力」の育成に繋がっていると考えられます。幼い時から多種多彩な人々と触れ合っていくことは「他者を受け入れる寛大な気持ちが育まれるなど人格形成に大きな好影響を与える」（金山２０１４）といえるでしょう。

(2) 支援級の児童の変容

通常級の児童と同様に、支援級の児童も単元の前半では想像できなかった行動を２つ起こします。

１つ目は、自ら他の児童に主体的に関わろうとする姿勢です。これは、通常級の児童が優しく受容的に関わり続けた結果生まれたものだと解釈されました。「次の場所はどこ?」と、活動Ⅰの場で通常級の児童に自ら話しかけるようになったことに加え、「いつも『はいどうぞ』ってボールを渡してくれる。だから今度はおれが渡してあげたよ」や「みんなを喜ばせる!」などと、支援級の児童は、いつも優しく関わってくれるみんなのために、自分も何かできることはないかと考えるようになりました。さらに、「いつも自分を次のゲームの場所へみんなが連れて行ってくれる。だから、みんなが困っていたから、対戦表を見て、おれが連れて行ってあげたんだよ」とインタビューで話すこともありました。支援級児童が、ユニバーサルデザイン化された「わかりやすい対戦表」を活用していることがわかります。

2つ目の大きな変化は、仲間と共に運動に没頭し、その特性を味わえるようになったことです。同じチームの児童と「せーの」と声を合わせてボールを投げる様子や「やったー! ○○(チームメイトの名前)と一緒に倒したよ!」と協働達成を味わう姿が単元後半に多く見られました。一緒に倒したことの喜びを共有する姿から、支援級児童に「他者意識」が芽生えたと解釈されます。

(3) 互恵的関係によるインクルーシブ体育

本実践では、運動学習において、多様な学習者がお互いにメリットを与え合う互恵的な関係が創出されたことから真正の「共生体育」(インクルーシブ体育)であったといえるでしょう。

当初は、統合（インテグレーション）的に「世話をする／される」という関係の中で一部の通常級児童が倫理観やケア意識の醸成をしている状況であったといえます。しかし、その様相は教師の「繋ぎ」行動で全体に広がっていきました。さらに、協働的なゲームの設定により、同じ目標を達成するために力を合わせる必然が埋め込まれ、「学び合い」に発展していきました。つまり、通常級児童には「教える」ことにメリットが生まれ、支援級児童は投動作を教わる中で、その運動の楽しさに没頭していったといえるのです。

ここでのポイントは、競争を目的でなく手段とした点です。競争がないままだと盛り上がりに欠けるゲームに陥るでしょう。一方で、勝敗に重きを置きすぎると、支援級児童のせいで負けたという思いが生じかねません。真正の「共生体育」における互恵性の維持には、共生のデメリットを未然に防止することが重要だと考えられます。

3●実践から見えたインクルーシブ体育をはじめる際に気をつけたいこと

本実践では、①協働要素を高めるテーマやルール設定、②テーマに即したモノの準備、③テーマやルール、モノから導き出される協働的な投運動への没頭、④児童同士を「繋ぐ」言葉かけと関係性への称賛や価値づけ等の条件が整備されたことで、真正の「共生体育」に繋がったと解釈されました。

一方で、課題も表出してきました。実践した単元の前半では必ず支援級の先生が支援級児童についてきていました。すると、支援級児童の頼りどころは支援級の先生の一点になってしまったのです。支援級の先生は、実践終了後に「この実践を通して先生自身が変わったこと」について以下のように話しています。「自分ができる限り同じ場所についていかないことを意識していきたいです。どうしても私がついていくと、(支援級児童の)お客さん感が増してしまいます。クラスの中で『お客さんと保護する大人が来た』となると、子どもたちは素で関わり合うことができなくなってしまいます。支援も大切なので、(頼りきりにならないような)バランスを考えていくことが私の課題だと思います」と。

真正の「共生体育」(インクルーシブ体育)においては、多様な学習者同士を「繋ぐ」教師行動がますます重要になると考えられます。

※写真の掲載は保護者に了承を得ています。

〈引用・参考文献〉

◎金山康博(2014)「特別視しない特別支援教育の展開〜実践4例から見るインクルージョン教育の探究〜」. 共栄大学研究論集12:227-249.
◎朝倉了健(2016)「インクルーシブ体育におけるアクションリサーチ」. 横浜国立大学卒業論文.

濱地 優

第8章 自閉症スペクトラム児を包摂する体育授業

――手立ての工夫による「互恵的な学び合い」の誘発

本授業は、第6学年の陸上運動（リレー）において、自閉症スペクトラム障害を抱える児童（以下、A児）を含む、クラス全員の探究的な活動を目指した実践事例です。

1●対象児童について

A児は自閉症スペクトラム障害を有しています。音声言語を用いて表現することが困難であり、視覚による情報理解は容易です。

表8-1　第6学年「陸上運動（リレー）」単元の主な流れ

	第１時	第２時	第３時	第４時	第５時	第６時
主な活動	オリエンテーション	テーマ・めあての確認 「3S(スリーエス)」で速さを繋ごう				
	テーマづくり 試しの活動	グループでの探究活動 チーム間競争	グループでの探究活動 タブレットを用いての観察	雨天のため、教室で動きのポイントの共有	グループでの探究活動 タブレットを用いての観察 チーム間競争	グループでの探究活動 タブレットを用いての観察
	振り返り					

第５学年（２０１６年）の９月に転入してから、Ａ児とクラス児童との関係構築がうまくいきませんでした。授業者はＡ児への理解を促すため、Ａ児の障害についてクラスに告知し、他者意識の醸成を学級経営の柱としながら授業実践を行っていきました。

○学年（児童数）……第６学年（39名）

○授業者・クラスについて……授業者は社会科が専門。第５学年より学級担任・児童共にもち上がったクラス

○実施時期……２０１７年４月（全６時間）

○単元の主な流れ……表８-１参照

運動学習場面では、生活班でグループを組み、ペアを変えながら活動しました。

2 授業者の手立て

本章では、インクルーシブ教育の３つの視点、すなわち「可

視化」「焦点化」「共有化」（中道２０１６）から、授業者の具体的な手立てを紹介します（なお、文中B児はA児と主にペアを組んだ児童です）。

(1)テーマ設定や授業者の介入による学びの「焦点化」

授業者は、リレーの面白さを、速さが繋がっていく局面にあると捉え、その局面を中心とした授業展開を考えました。１時間目、子どもの言葉を繋ぎ、単元を貫くテーマ「『３Ｓ』で速さを繋ごう」をつくり出します。「３Ｓ」とは、「Speed」「Smart」「Smooth」の頭文字です。単元の過程では、学びが停滞するグループも存在しました。授業者はその都度グループごとに声かけを行っていきました。A児においても、５時間目、これまで確認したポイントにもかかわらず、後ろを見ながらバトンを受け取り走り出す様子が観察されました。その時のエピソードです。

授業者は、次走者のA児に対して、「B児がこの線まできたら走り出してごらん」とグラウンドにある白線を示して声をかけ、授業者が次走者になり演示をした。その後、A児が次走者になった。B児が目標の線にくると、A児は右手を後ろに出しながら、前を向いて走り出した。

児童のつまずきに応じた声かけによる課題の「焦点化」により、子どものめあてを明確化していきました。

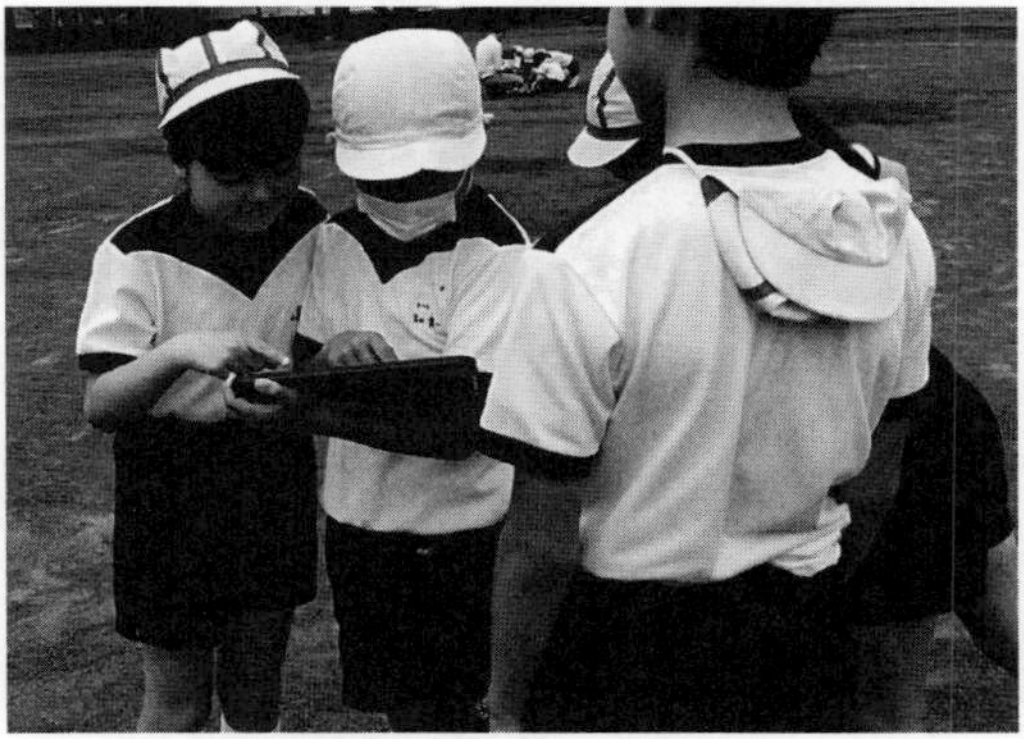
写真8-1　映像を確認する児童

(2)タブレットによる動きの「可視化」

3時間目、B児は手のひらへのバトンの渡し方のアドバイスをA児に対して行いますが、うまく繋がりません。その後授業者は全員を集合させ、本単元ではじめてタブレットを配布しました。以下は、タブレットを用いて動きの確認を行っている場面です。

次走者のA児は、体を横に顔を後ろに向け右手を出して待ち、B児が近づくと横走りでリードしてバトンを受け取った。走り終わるとメンバーが撮影した映像で動きを確認した。映像を見た後B児は、「後ろを見ると遅くなるから、前を向いて走るの」と体を動かしながらアドバイスし、再度挑戦する。A児は後ろを気にしながらも体は前にひねり、B児が近づくと、顔を正面に向け走り出し加速した。

タブレットでの動画視聴とB児のアドバイスによって

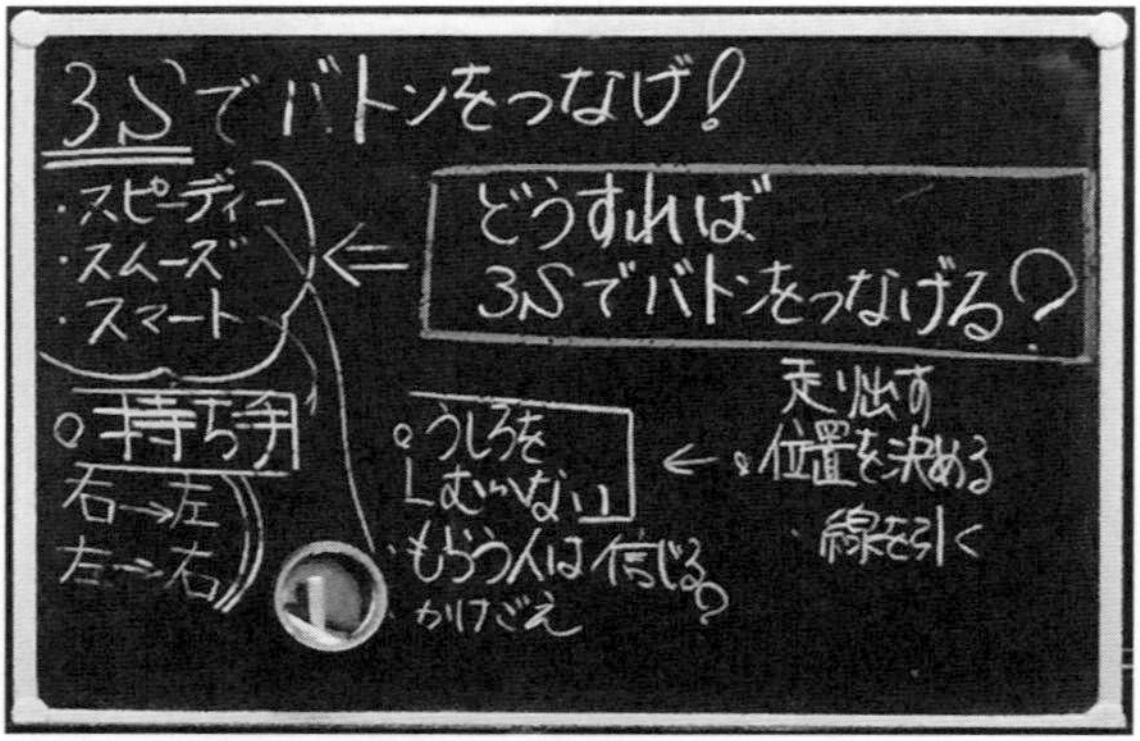

図8-1　4時間目までの板書

（写真8-1）、動きが「可視化」され、活動が停滞していたペアのバトンの受け渡し方が変化していきます。

(3)ホワイトボードを用いてのグループ内、グループ間での「共有化」

4時間目、グループごとに動きのポイントをホワイトボードに整理する時間を設定し、グループで確認させていきます（図8-1）。授業者はさらに、ホワイトボードを掲示し、グループ間での情報共有の時間を確保しました。また、この後の時間からホワイトボードを常時掲示し、児童が随時加除修正しながら、参照していけるようにしました。

3　A児とB児の学び：まとめにかえて

5時間目、授業者の声かけ後（前項(1)）、A児とB児

のペアは「どこまできたら走り出すか」という課題に向け探究的な活動を行いました。本時授業後、A児は振り返りに、

友だちと一緒にバトンを渡す練習を何回もすることができたおかげで、リレーでうまくできました。これからもバトンを渡す練習や受け取る練習を続けて、もっとうまくなりたいです。

と記述しました。この振り返りから、本時での学びを実感し、次時へのめあてをもつ様子がわかります。

6時間目の活動前、A児とB児は各グループのホワイトボードを見て、ポイントを確認しました。その後の活動で、バトンの受け渡しがうまくいかなくなった場面のエピソードです。

B児が、「どうしたらいいのかな?」とつぶやき、続けて「私(B児)がぎりぎりまできたら走り出して」と目標ラインを次走者に近づけることを提案。さらにB児は、「渡す時に『ハイ』っていうのをやってみよう」と促した。2回目を行った後、次走者になったB児が、「(A児が)『ハイ』っていってくれたから、(もらう)タイミングがわかった」と伝えた。順序を入れ替えながら行った後の8回目、次走者のA児はぎりぎりまで待ち、走り出した。B児は「ハイ」の合図でバトンを渡し、「そうそう、いまの感じ」とA児に声をかけた。

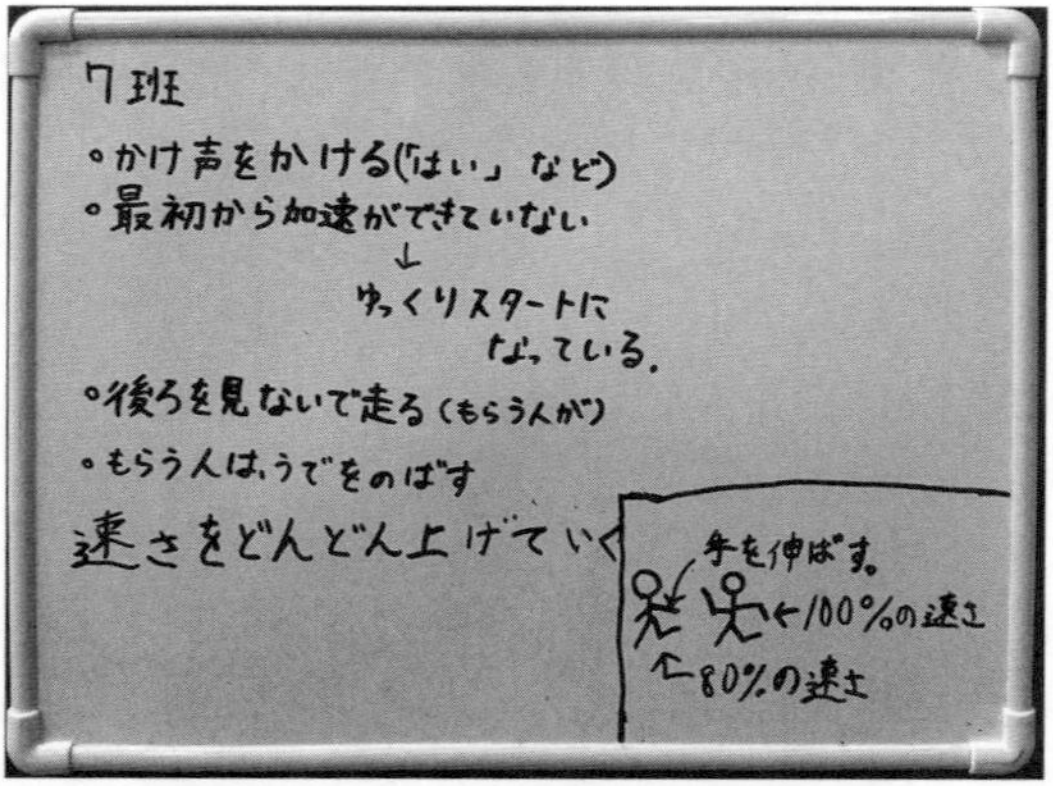

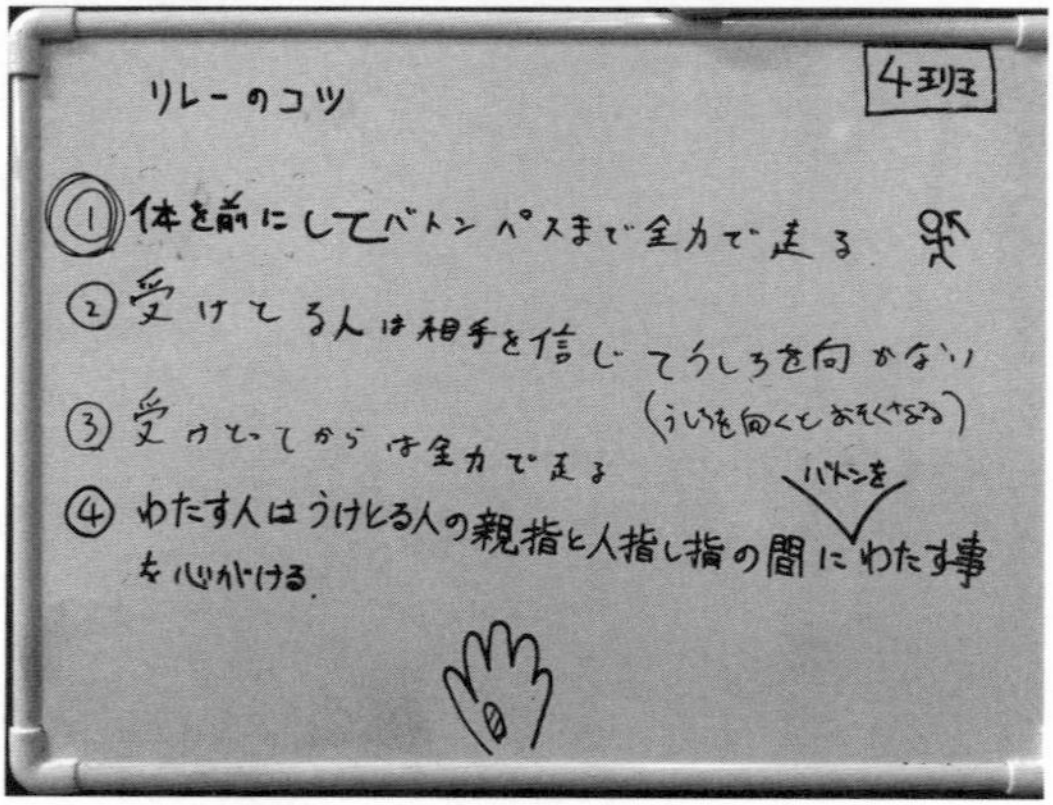

図8-2　4時間目後、児童の記述した動きのポイント

既習事項を活用しながら試行錯誤を繰り返し、8回目には「3S」をより実感している様子が伝わってきます。単元後の感想にA児は、

友だちからリレーのバトンのとり方を学びました。楽しかったです。わたす人は「ハイ!」ということがわかりました。

と記述しています。B児は、活動中「『ハイ』ってやる。ちょっとやってみよう」と、「共有化」により得た知識を活用しています。また、「どうしたらいいのかな?」「やってみよう」と、課題をもちペアで試行錯誤する協働的な学習が見られます。さらに、「『ハイ』っていってくれたから、走るタイミングがわかった」「そうそう、いまの感じ」と受容的・共感的に関わる姿も見られました。B児の6時間目後の感想です。

他のグループのバトンパスのやり方を真似しました。わたす人が「ハイ!」とかけ声を出すとわかりやすかったです。リレーをはじめた頃より「3S」に近づいていると実感します。

＊

「焦点化」「可視化」「共有化」の授業者の手立てが、A児だけでなく、B児及びグループ間の「繋ぎ役」(第3章の「インクルーシブ」レベル)としての教師行動となり、テーマを元にした「互恵的

な学び合い」を誘発する実践となりました。

〈引用・参考文献〉

◎中道莉央（2016）「インクルーシブ体育の授業づくり」．鈴木直樹・梅澤秋久・宮本乙女編著、学び手の視点から創る中学校・高等学校の保健体育授業．大学教育出版．

第9章 「気になる子」と周囲の関わり

村瀬浩二、三世拓也

1 気になる子の存在

いま、どの学級でも「気になる子」はいるでしょう。文部科学省（2012）によれば、通常学級に在籍し、知的発達に遅れはないものの、学習面や行動面に著しい困難を示す児童は6・5%と報告されています。つまり、15人に1人という計算となり、どの学級にも2~3名の「気になる子」はいることになります。読者の先生方にも、なかなか落ち着かない、もめ事を起こすといった子どもに関するお悩みがあるのではないでしょうか。

このような子どもたちは、周囲の対応によって全くちがう姿を見せます。彼らは、自分の中では筋の通った行動をしています。しかし、その行動に対して頭ごなしの叱責など、納得いかない対応を受けた時には、反抗的な態度を取ることがあります。これはわざと教師の注意を引こうとする反抗挑戦性障害であり、これが繰り返されると反社会的行動へとエスカレートしていきます。このように発達段階での周囲との関わり方によって受ける障害は、二次障害と呼ばれます（齋藤2009）。一方で、彼らの特徴を受け容れ、彼らのよさを生かす体育は、他の子どもたちにも思いやりや他者理解を育む利益を生み出します。

そこで今回は、体育における2名の「気になる子」の観察記録から、そのような子どもへの適切な関わり方を考えてみます。

2●教師の対応：A君の事例

今回の対象児をA君と呼びます。幼稚園時代のA君は、遊びの時間に「しっぽ取りする子、この指とーまれ」と、自ら周りの子たちを集めて遊びをはじめるような活発な子です。しかし、夢中になると目の前を通った友達を突然殴る、先生から指示されると気分を害し活動をやめてしまうなど、困った行動が目立ちました。友達を殴ってしまった時、先生はA君を指導します。そんな時A君は、なぜ叱られるのか理解できず、「なんで遊びをやめさせられたんだ」という怒りばかりが膨らみます。つまり彼は、自分の暴力行動が叱られている原因だと気づいていません。これは、自身の行動を思い出せないのでしょう。このような傾向は、「気になる子」の特徴の1つです。

しかし、A君にはよい面もあります。運動遊びの好きなA君は、運動遊びの先生が来るのを楽しみにしています。ある日、運動遊びの先生が体操着に着替えないで廊下を通りかかると、A君はすぐに「今日は遊ばないの？」と声をかけました。実際、先生はその日に運動遊びを行わず、すぐに帰る予定でした。先生は、「あのように、彼は他の子の気づけないことに気づく洞察力をもっています」と評価していました。

(1)小学校入学後の問題行動と教師の対応

さて、このA君が小学校に入学しました。そこで、我々はA君の体育授業における姿を観察しました。A君は、入学から1ヶ月くらいは、担任のB先生のいうことをよく聞いていました。しかし、5月になると緊張感はなくなり、様々な行動をするようになります。例えば、集中力が持続しない、勝手に発言する、感情のコントロールができず怒ったり、暴力を振るったりするなどです。そのためB先生は、体育の授業中、終始A君に声をかけ、促し、注意を繰り返さなければなりません。例えば、A君はB先生の説明の最中に勝手にフラフープで遊んでいました。それを見たB先生は「あれもう(フラフープに）入ってる。おかしいなー」とたしなめました。また、友達の発言の最中に突然立ち上がり、「じゃあ、音楽終わって……」と割って入ったA君に対し、B先生は口の前で人差し指を立てるジェスチャーを繰り返して、A君の話を止めさせました。B先生は、自身の説明が終わった後、A君に発言の機会を与えています。

さらに、トラブルを起こしたA君とその友達に、叱ることなく事情を聴きます。その中で、友達が最初にA君の身体を押したこと、A君が殴り返したことを聴くと、B先生は「正直に話してくれてありがとう」といった後、「じゃあ2人はここで」と授業終了まで見学させ、話し合いをさせました。授業後、「次にトラブルになった場合は、また参加できません」と約束しました。

この一連の対応は、武田（2017）の「叱らないけど、譲らない」に当てはまります。これは、強く叱ることはせず、絶対に譲らない線を引きます。その上で、子どもに自己決定の機会を与えます。このような対応が、子どもの問題行動を徐々に制御し、教師のイニシアティブを生み出します。逆に、「叱って譲る」対応が子どもの情緒を不安定にし、問題行動を助長します。

(2)子どもたちへの波及

このように、B先生は穏やかな指導でA君の行動をコントロールしていきます。例えば、頭を触るようなスキンシップや、名前を呼ぶだけで注意を向かせるといった方法もそれに当たります。この穏やかな指導は、周囲の子どもにも波及します。例えばCさんは、バディとして多くの場面でA君と一緒に活動をしていました。最初はA君のペースに合わせていたCさんですが、徐々にA君に対してイニシアティブを取るようになります。例えば、先生の話の最中に立ち上がっているA君に、Cさんは腰に手を当てて座らせるといった穏やかな促しをするようになります。

さらに、B先生は指導する時、その理由を述べるように心がけました。例えば、ボール運動の場面です。ボール運動では、勝敗へのこだわりやボールを離さないなど、自分本位な行動に繋がり易くなります。ボールを離さないA君から、B先生が何もいわずに取り上げた時、A君は「なんで？」と納得いかない様子でした。そこで次にB先生が「ボールに座るのはルール違反です」と理由づけしてボールを取り上げると、A君は納得しました。

このやりとりは、Cさんにも波及します。ボール蹴りの的当てゲームで、A君は思い切り蹴って的を外しては、Cさんに取りに行かせます。最初は何もいわず取りに行っていたCさんでしたが「時間がかかるから、思い切り蹴らないで」と理由をつけて要求しました。またA君が、得点をごまかそうとした時には、「A君ごまかしちゃだめだよ」とはっきりA君に伝えられるようになりました。このように、B先生の指導は、周囲の子どもたちに波及します。最初はA君の行動に振り回されていた周囲の子どもたちでしたが、次第にA君の行動を理解し、予期し、穏やかな伝え方でイニシアティブを取るようになりました。

3●学びを広げる：D君の事例

次はD君の事例です。D君は小学校1年生の頃、授業中に勝手に前に出て発言をする、みんなと同じ行動ができないといった申し送りがありました。そのため、新2年生で担任になったE先生は、このD君を中心とした学級づくりを構想します。まずは、学級開きに「体ほぐし」を行い、新学級の仲間と手をつなぐなどふれあいを楽しみながら良好な関係づくりが進みました。この活動で、学級の子どもたちがD君を知ることになります。

時に、D君は運動遊びの中で自分勝手にルールをつくり、それを守らない友達に対して怒ったり、すねたりすることがありました。しかし、このルールにはD君の思いがあり、その思いが友達に伝わらないことに不満を感じていたのです。それが、すねたり、怒ったりする原因でした。そこでE先生は、D君にゆっくり話すことや、文字や絵で表現するように話しました。また、周囲の子どもたちにD君の話をよく聴き、質問をして、D君の意図をくみ取るよう働きかけました。この働きかけは、学級の子どもたちにも伝わります。学級の子どもたちはD君の真似をして、文字や絵で表現することが増えました。さらに、朝の会にグループトークが取り入れられ、学級全体で聴き合う経験が積まれます。このような働きかけによって、友達の話を聴き合う学級風土が醸成されていきます。

また、D君はカメラなど映像機器を好んで扱います。E先生は、子どもがＩＣＴ機器を扱うことは学びに繋がると考え、いつでも使えるよう配置しました。そのため、D君は体育の授業中、カメラを手放しません。体育授業の時間は、常に友達や自身の運動を撮影します。時にはナレーションつきで動画を残します。ただし、撮影に夢中になり、運動をしない場面が多く見られるため、E先生はD君に、「1回撮ったら、1回跳ぼうね」などと声をかけ、運動と撮影の両方を行うよう導きました。また全体での発表場面では、D君に撮影を任せ、その映像から学習課題を示しました。E先生がD君の撮影した映像をみんなに広げることで、彼の「みんなとちがう行動」は学びであることを学級に伝えました。

(1)意図的なグループづくり

各単元のグループづくりにE先生は配慮をします。グループを組む時は、まずD君を中心に組みはじめます。それは、D君の話を聴き、理解しようとするメンバーを集める意図からです。また、このメンバーは単元ごとに別のメンバーへと替えられました。それは、学級で一緒に過ごす時間が長くなることで、D君の理解者が増え、グループを組みやすくなるからです。

先述のA君の事例でも、バディのCさんの存在がありました。これは意図的なペアリング、グルーピングの効果です。阿部他（２０１７）は気遣いや声かけを得意とする子たちを、「気になる子」と同じグループにし、こっそりと彼らにお願いすることで、「気になる子」が関わりの中で意欲的に活動に参加できると述べています。

4 おわりに

ここでは、2つの事例を紹介しました。A君の事例は、教師の穏やかな対応が子どもに広がる事例でした。これは、第3章（42ページ）で示された《共生レベル2》「統合：ちがいに価値を置く」にあたるでしょう。

また、D君の事例では、教師が意図的に「気になる子」の行動に焦点を当て、それを学びとして学級全体へ広げています。そこにはD君なりの学びがあると捉え、周りの子どもたちと理解し合えるよう、E先生は様々な手立てを打ちました。これは、《共生レベル3》「包摂：ちがいを生かし合う」と捉えられます。このちがいを生かし合う体育は、教師が体育の学びを捉え、「気になる子」の行動の真意が、学びに向いていることを見取る必要があります。そこにちがった角度からの学びが存在します。

〈引用・参考文献〉
◎齋藤万比古（2009）発達障害が引き起こす二次障害へのケアとサポート．学研．
◎武田鉄郎（2017）発達障害の子どもの「できる」を増やす提案・交渉型アプローチ．学研．
◎阿部利彦他（2017）体育で始める学級づくり．学研．

斉藤洋介、梅澤秋久

第10章 ムーブメント教育に基づくインクルーシブ教育

1●ムーブメント教育による学習デザイン

本実践では、小学校第1学年「ひょうげんリズムあそび」の単元(表10‐1)において、小林・大橋(2010)のムーブメント教育を参考に学習デザインを行いました。すなわち、「からだ(動くこと)―あたま(考えること)―こころ(感じること)」の調和のとれた活動を目指し、特別支援学級(以下、支援級)の児童と彼らが交流している通常級(以下、交流級)の児童とが共に学べる体育授業を目指したのです。

表10-1　ひょうげんリズムあそびの単元計画

<table>
<tr><th></th><th>第１時</th><th>第２時</th><th>第３時</th><th>第４時</th><th>第５時</th><th>第６時</th></tr>
<tr><td rowspan="3">主な活動</td><td rowspan="3">オリエンテーション
グループ分け
アイスブレイク</td><td colspan="5">めあて・活動の確認</td></tr>
<tr><td colspan="5">活動Ⅰ：フリームーブメント
個人での表現を中心にした活動
例：動物になろう
　　新聞紙を使った表現</td></tr>
<tr><td colspan="5">活動Ⅱ：ダンスムーブメント
集団での表現を中心にした活動
例：大きなお花
　　ジェットコースター</td></tr>
</table>

支援級に在籍している2名（以下、児童A、児童B）は、両者とも知的障害を有しています。

児童Aは、保育園・幼稚園に通っておらず、入学当初は友達との関わり合いがありませんでした。しかし、交流級の児童と積極的に関わろうとする姿勢があり、すぐに楽しそうに学校生活を送れるようになりました。授業中は大きな声で発言しますが、教師の発問には対応しないことが多い、といった状況でした。

児童Bは、入学当初、同じ保育園で過ごしてきた交流級児童3名との関わりが中心でした。その後、7月頃から休み時間に新しくできた友達と一緒に遊び、楽しく過ごす様子が見られるようになりました。授業中は自分のペースで課題に取り組めますが、友達との関わりにおいては完全に受身の状態となっています。

交流級（男児14名、女児17名）との交流は４つの教科（生活、音楽、図工、体育）と学級活動、給食、掃除の時間です。４月から本実践を行った1月までの期間では、交流級児童が教科での活動や給食の配膳などで困っている支援級児童を見かけると、声をかけたり、手助けをしたりするような姿が見られました。

しかし、体育においては、交流級児童が技能や思考について支援級児童を手助けする姿は見られませんでした。また、グループでの作戦や行動に支援級児童がうまく参加できなかったり、場の周辺にて支援級児童同士で活動したりしている様子が見られ、交流級児童との関わりは皆無に等しい状況でした。まさに、第3章（41ページ）で述べた「ダンピング」（放置：形式だけの共生）となってしまっていたといえるでしょう。

省察すると、個人での技能の到達やグループ間の競争的な要素に学習の主眼が置かれていたからだと考えられます。そこで、競争を「共創」に変え、共に動き、考え、感じ合える単元をデザインしたのです。

2●実践事例

まず第1時では、主にグループ分けとアイスブレイクを行いました。本単元のグルーピングでは支

写真10-1　つられて動物になる児童

援級児童に配慮できるメンバーを意図的に配置しました。

アイスブレイクでは、まず一列に並び教師の合図で前後左右に一斉に動く「前後左右」を行いました。その後、グループごとに、①列の先頭の児童の動きを真似する「前にならえゲーム」、②円になり隣以外の他者と両手をつなぎ再び輪に戻る「人間知恵の輪」の活動をしました。失敗が許される雰囲気を大切にしたおかげでしょうか、笑い声に包まれる活動となり、グループ内での距離感を縮めるよい機会となりました。

第2時以降、単元の中核をなす活動ⅠとⅡは、小林・大橋（2010）のムーブメント教育実践を参考にしました。

活動Ⅰ（フリームーブメント）では、自由に表現したりリズムに乗ったりして学習者が単元を通した活動の雰囲気に慣れることを目指しました。「動物になろう」というお題を与えると、交流級児童Cがまずお題の動きを考え、腰を落として両手で胸を叩くゴリラの姿を全身で表現しました。「ウォー」という鳴き声で学習ムードが明るくなり、その児童の動きにつられて同じような表現をする児童が出てきました（写真10‐1）。授業者が児童らの活動を称賛すると、「思ったことをそのまま表現してよい」「動きを真似してもよい」という雰囲気が生まれました。支援級児童らも含めた全員がそれぞれの動物を表現する方法を「考え」「動き」、動いている他者を「感じ」、新たなムーブメントを共に創っていきました。

また、道具として「新聞紙」を使った活動では、まず全体でクシャクシャに丸まった様子や、広げて上に投げ、ひらひらと落ちてくる新聞紙の特徴を表現し合いました。個人での活動に移ると、支援級児童Aが新聞紙をビリビリに破いたのを交流級児童が「いいね！」とよさを感じ、破ける様子を近くの仲間同士で表現し合う姿が見られました。

活動Ⅱ（ダンスムーブメント）では、他者との関わりを重視したお題を設定し、対話的で深い学びの誘発を試みました。

以下、２つの「からだ―あたま―こころ」の調和のとれた様子が見られた活動を紹介します。

写真10-2　大きなお花の表現

写真10-3　仲間の動きを感じて共に動く

【エピソード1　児童A　課題「大きなお花」】

児童Aは、生活科で育てているチューリップを真似して手で花を表現して仲間に動きを見せるが、交流級児童は「小さい花はいいけど、大きい花だからなあ」とグループで考える時間が生まれた。「手だと小さいから足でやろうよ」と交流級児童が声をかけ、足を開きその場に座る。それに合わせ（「感じる」）グループ全員が足と足を合わせて座り（写真10 - 2）、足を開いたり閉じたりする表現をつくった。

児童Aは他の課題に対しても積極的に取り組み、交流級児童と共に表現運動の特性に触れ、楽しみ合う様子が見られました。また、交流級児童の単元を通した振り返りの中には「Aさんといっしょにできてうれしかった」という共生体育による互恵性に関する記述も認められました。

【エピソード2　児童B　課題「ジェットコースター」】

交流級児童Dが自身の経験からジェットコースターに乗っているような上下左右の動きをする。「後ろにもたくさんの人が乗っているんだよ」という児童Eの声かけで、1名の児童が同じ動きをしながら前の児童の背中の上に乗りはじめる。児童Bも最後方に続いた（写真10－3）。アイスブレイクの「前にならえ」のように先頭の児童の動きを感じ、共鳴し合うように後方の仲間たちも動いていた。

児童Bは、積極的にグループの話し合いの輪に参加し、「表現しよう」と決まると、すぐに一緒に動き出していました。結果的にはグループの表現の形に最後に加わる場合がほとんどでしたが、どのような表現になるのかを感じ、自ら加わる姿勢が本実践では見られるようになりました。「ここか！」といいながらジェットコースターに乗り、表現する姿は、とても楽しそうでした。

3●実践を通して

授業者は、これまで交流級児童を中核に捉え、単元デザインと実践を繰り返してきました。しかし、結果的に支援級児童が活動にうまく参加できない状況が続いていたのです。つまり、第3章に示した「統合教育（インテグレーション）」でありながら、結果的に支援級教師による個別支援が不可欠になるという、空間に見えないバリアを生んでいたと考えられます。

本実践では、支援級児童を中核に据えた単元デザインを行いました。また、オープンエンドなムーブメント教育を活用することで、支援級児童と交流級児童との垣根が消え、共生体育（インクルージョン）に繋がったと考えられます。

※写真の掲載は保護者に了承を得ています。

〈引用・参考文献〉

◎小林芳文・大橋さつき（2010）遊びの場づくりに役立つムーブメント教育・療法．明治図書．

梅澤秋久、矢邉洋和

第11章 共生スポーツの実践者として育つ

――電動車椅子サッカーのリバース・インテグレーションの学びから

1 共生を主とした学習デザイン

横浜国立大学教育学部附属鎌倉小学校の矢邉級では、共生体育の実現を目指し、「誰とでも」というキーワードを年度当初から大切にしています。当然ながら学級には、多様な身体能力や運動経験をもつ子が混在しています。しかし、全ての児童が豊かなスポーツライフの実践者となれるよう「誰とチームメイトになっても」、「誰と対戦することになっても」学びを深め、楽しむ姿を願っているのです。

本学級の子どもたちの「共生」意識を大きく変えたのは、国際パラリンピック委員会公認教材である『I'mPOSSIBLE』との出会いでした。その教材名には「不可能(Impossible)だと思えたことも、ちょっと考えて工夫さえすれば、何でもできるようになる(I'm possible)」という、パラアスリートたちが体現するメッセージが込められているのです。

いままで何となくしか知らなかったパラリンピックやパラアスリートに対して子どもたちの興味や関心がわき起こり、総合的な学習の時間(以下「総合」)の年間テーマに「パラリンピック」を据え、深く探究していくことになりました。

3学期の学習発表会では、自分たちの学びの成果を他者に表現しようと「I'm possible:僕らのパラリンピックストーリー」と題して他学年や保護者、地域の方々にパラリンピック種目の体験をしてもらったり、選手の葛藤や成長の物語を劇で披露したりして「総合」の一区切りを迎えました。

こうした学びは、パラリンピックについての知識を得ただけではなく、「障害のある方は、決してかわいそうな人ではない。(中略)障害があってもすごいんです!」という劇中の台詞の通り、パラアスリートへのリスペクト(尊敬)にも繋がりました。

さらに、「誰とでも」をキーワードとした体育学習にも大きな効果をもたらしました。自分たちがパラリンピックの学びを深めるほど、「誰とチーム/相手となっても、ルールや場を『ちょっと考えて工夫さえすれば』楽しいゲームができる」という雰囲気が生まれていったのです。単元によっては、

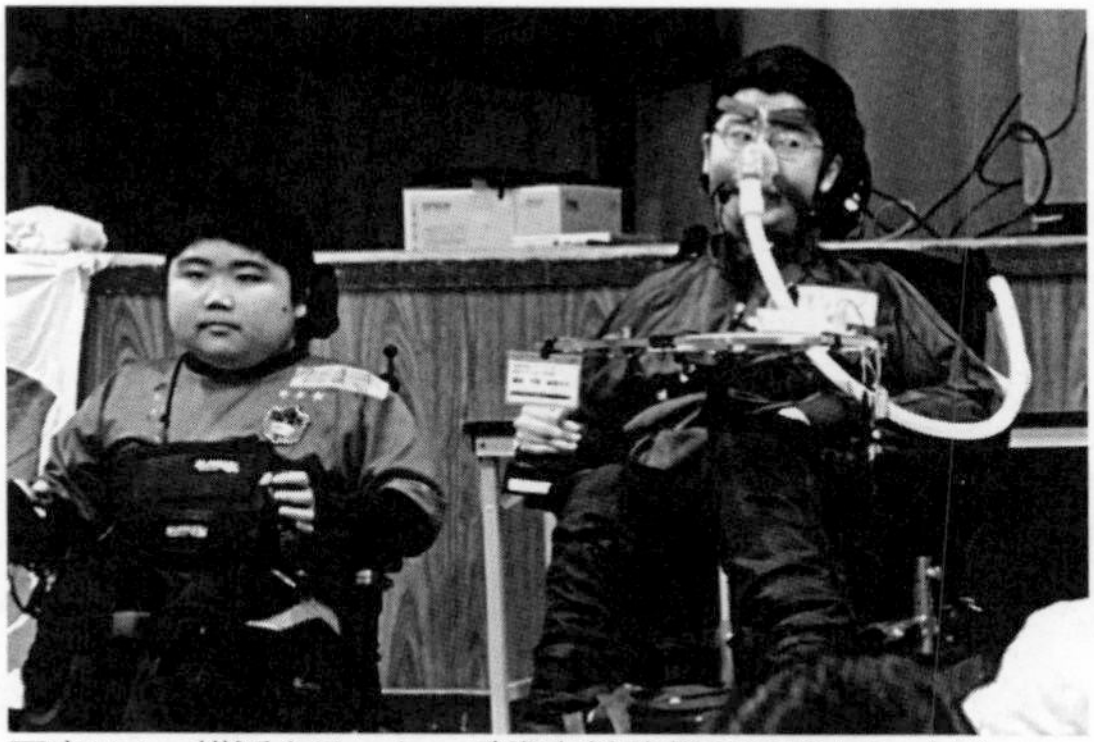

写真11-1　横浜クラッカーズ代表兼監督の平野さん（右）

チーム分けの際、技能差や男女比などを一切考慮せず、その場でトランプなどを用いてチームを分けることにも違和感がなくなっていきました。

学級の子どもたちが「工夫次第で何でもできるようになる」といった自信を感じ、心のバリアフリーが進んだ年度末に出会ったのが電動車椅子サッカーチーム「横浜クラッカーズ」の皆さんでした。

2●電動車椅子サッカーの体験学習

横浜クラッカーズの代表兼監督の平野誠樹さんは進行性筋ジストロフィー症で、電動車椅子に加え、人工呼吸器も付けています（写真11‐1）。平野さんはマイクとスピーカーを使ってチームの紹介をしてくれますが、その懸命な息づかいまでがスピーカーから聞こえてきます。

「総合」でパラスポーツを取り上げていたとはいえ、子どもたちにとって衝撃的な出会いだったのでしょう。体育館で選手たちを迎え入れた瞬間、子どもたちから全ての笑顔が消えました。「大丈夫かな」「想像以上に障害が重そうだな」といった心の声が漏れ聞こえます。

しかし、簡単なルール等の説明後、選手のプレイを見て表情が変わります。みんな目を輝かせながら、7号球という大きなサッカーボールを車椅子で蹴り合う姿に釘づけになります。「本物」を目の当たりにし、子どもたちの動機が高まっていく心情の変化が見てとれました。

3●自己と他者と運動(電動車椅子操作)との対話的な学び合い

しかし、もっと大きな表情の変化は、仲間同士の電動車椅子体験の場面に表れました。

各班に1台の電動車椅子が貸し出され、はじめての用具を自身の足のように「操作できる／できない」の間を楽しむ活動です。右手の親指と人差し指の付け根でレバーを挟み、倒した方向に車椅子は動いていきます。運動神経のいいダイチ（仮名）ですが、その車椅子は挙動不審な状況となっています。班のメンバーは笑顔でレバーのつまみ方を指示しています（写真11‐2）。

失敗をあざ笑うのではなく、「できる／できない」の間を明るく楽しみ合えるムードは、矢邉先生の学級経営を表しているといえます。また、「できる子」に対し、誰でも意見をいえる雰囲気も多様

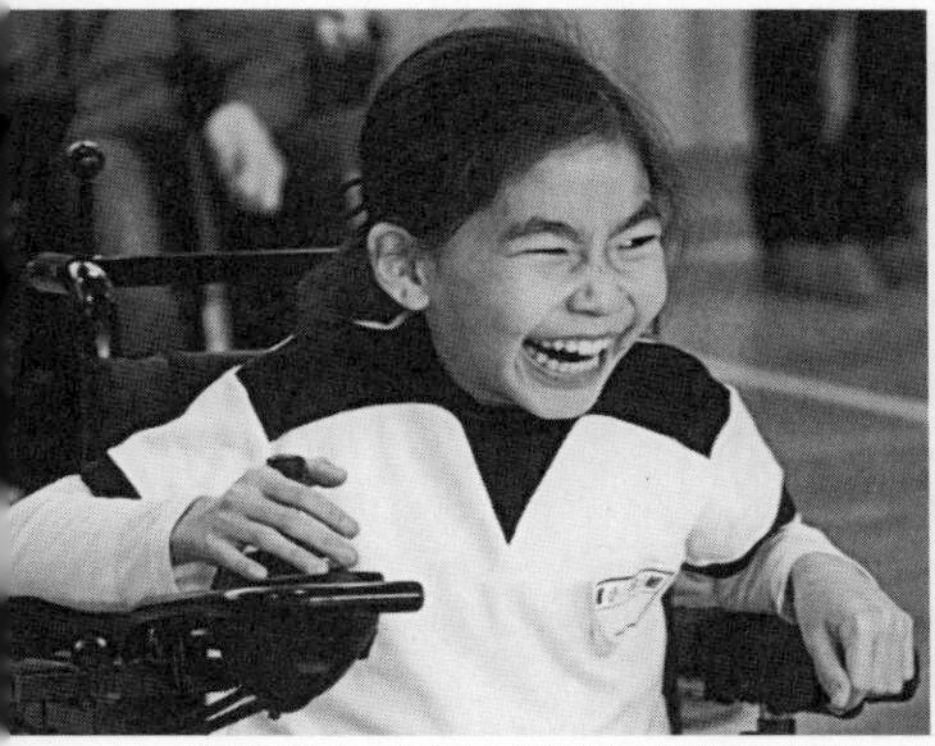

写真11-3　活動に夢中になるマリミ

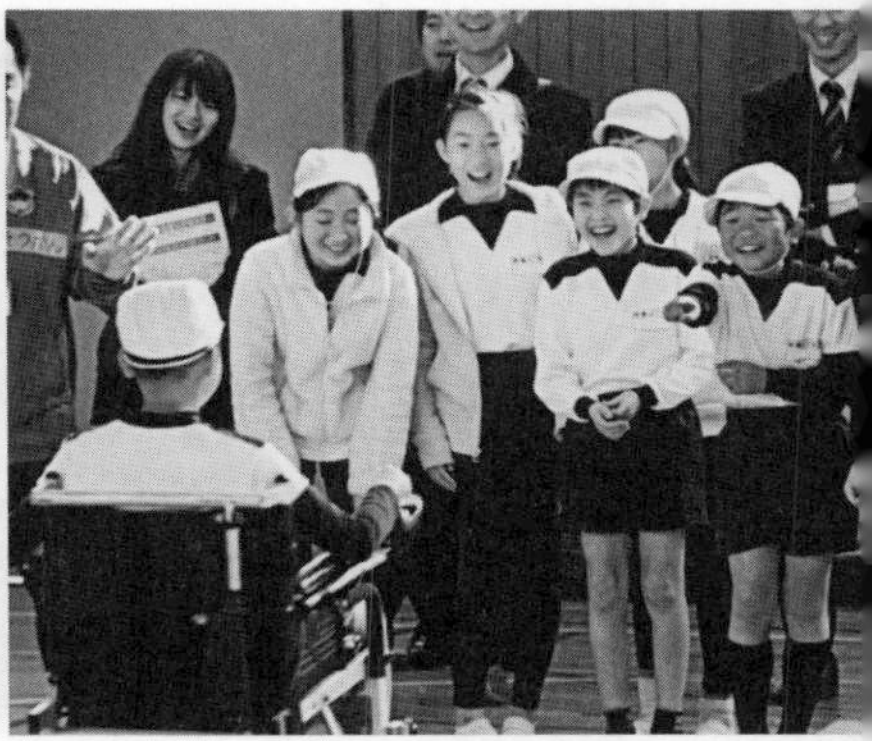

写真11-2　電動車椅子の操作を楽しみ合う集団

なメンバーでの学び合いにとって重要です。

このような雰囲気で10ヶ月学んできたマリミ(仮名)は大きな変化を遂げた1人です（写真11‐3）。彼女は年度当初「体育が得意ではない」とアンケートに記載していました。しかし、「誰とでも」を大切にした体育学習での仲間を受容し合う学級ムードは、マリミの運動有能感を育んだと考えられます。

レバーを真横に倒すと、電動車椅子はその場でグルンと回ります。横に置いたボールを「蹴る」ための回転です。マリミは用具と一体となってイリンクス（めまい）の感覚に夢中になっていました。

4●運動の特性を活用した深い学び

電動車椅子サッカーは、ゴール型ボール運動なので、「突破」と「ゴール」がその中核的な特性となります。

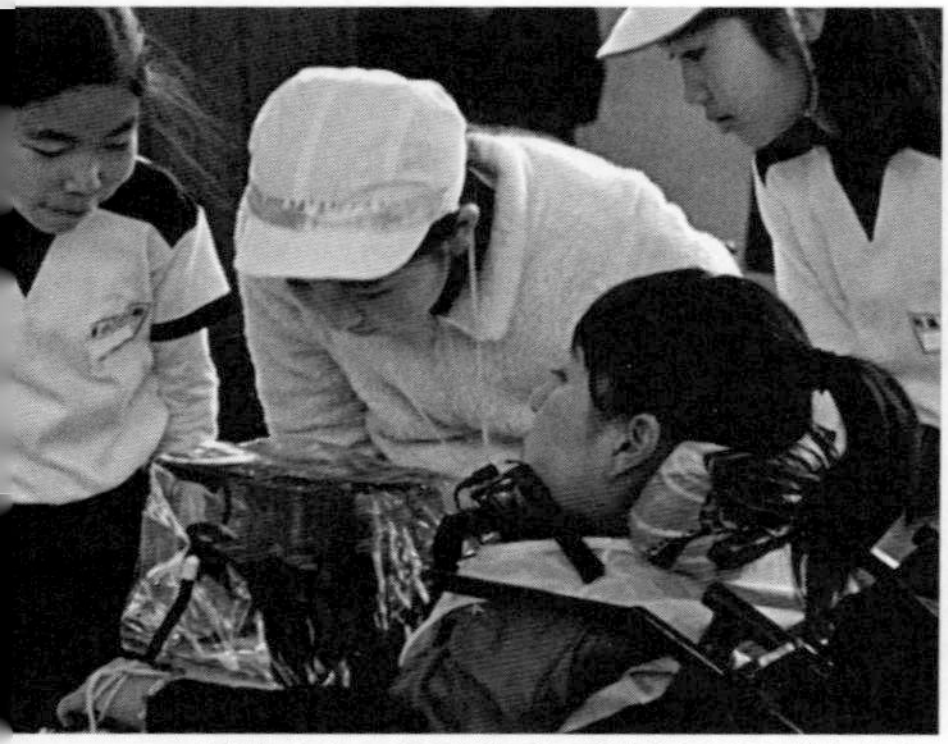

写真11-5　永岡選手に質問する子どもたち

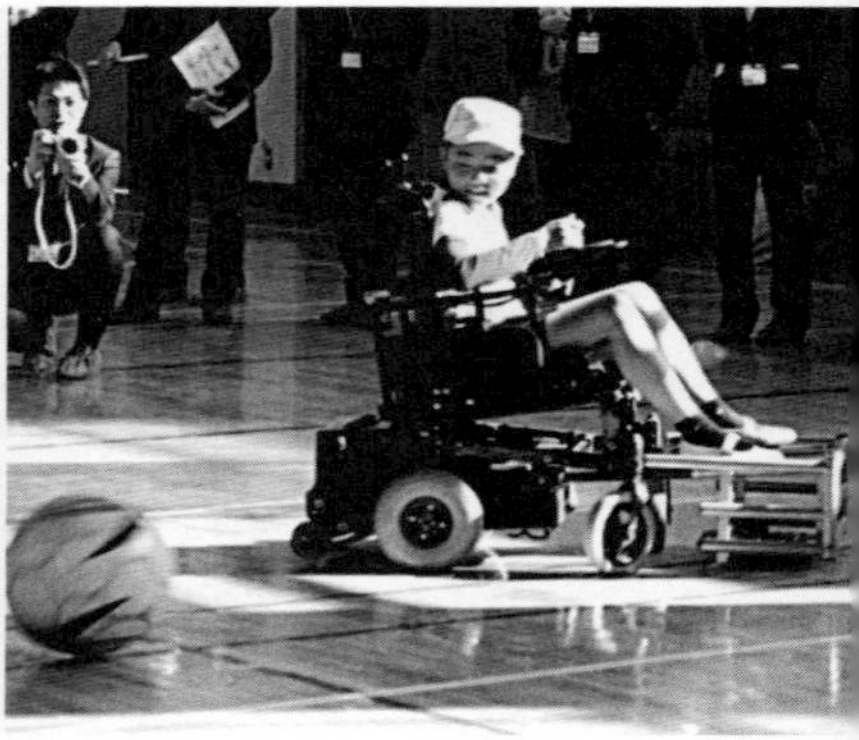

写真11-4　「ボールをもたない動き」を活用するダイチ

ダイチは、ハンドボール単元で学んだ「ボールをもたない動き」を活用します。

ドリブルや浮き球はほとんど存在しないため、相手チームの車椅子と車椅子の間から、自チームのボール保持者の車椅子が見られる位置に常に顔を出しています。しかも、パスが来た時に反応できないというリスクを理解しているのでしょう。適度な距離を保ってパスを引き出します（写真11-4）。ダイチは試行錯誤の中、電動車椅子操作にも慣れてきています。ボールの到達に合わせ、タイミングよく車椅子を回転させ、ボレーのようなダイレクトシュートを決め、喝采を浴びました。

ボールをもたない動きを意識し、全員がクラッカーズの選手を交えたゲームを行って体験学習は幕を閉じました。

5●リバース・インテグレーション

本実践は、健常者が障害者スポーツに取り組むといった「リバース・インテグレーション」と呼ばれるものです。

電動車椅子サッカーの体験学習における隠れたカリキュラムは「健常者と障害者が同じルールで楽しめるスポーツの存在に気づく」という点です。ともすると、健常者は「障害者に合わせてあげる」という「上から目線」の思考に陥りがちです。しかし、リバース・インテグレーションにおいては、初修者である健常者の方が「合わせてもらう」対象となりうるのです。

子どもたちは、日本代表経験のある永岡真理選手との対話から「たまたま移動やキックの手段が車椅子である」という言葉を聴き、驚いていました（写真11‐5）。少なからず「障害者はかわいそう」という思いが残っていたのかもしれません。しかし、このリバース・インテグレーション後は、「障害があってもすごいんです！」という選手に対するリスペクト意識がより強くなったと思われます。

授業後の感想には「せっかく障害者スポーツを学んだので、自分たちで誰もが楽しめるスポーツを考えてつくってみたい」といった創造的なコメントが見られました。

全ての子どもたちが「I'm possible」の思想をもち、共生スポーツの実践者として育っていくことを願ってやみません。

川上（旧姓：鈴木）亜美、梅澤秋久

第12章 障害のある子を包摂する長縄跳び実践
――自閉症スペクトラムを抱える児童との協働探究

1●はじめに

長縄大会に向けた練習でしょう。通りかかった校庭から「96、97、98……」という小学生のかけ声が聞こえてきます。誰かが引っかかったのでしょうか、先生の激昂した声が道路まで響きわたります。長縄跳びはクラスの一体感を高める可能性を有しています。一方で、大会での勝利を目的にしたり過度な到達目標を設定したりすれば、失敗を許さない雰囲気が醸成され、格差の低水準児にとって苦しい時間になりかねません。教師主導の場合では、主体的・対話的で深い学びどころか、訓練そのもの様相を呈します。また、勝利に強い執着のある一部の教師は、独自の論理で「特別支援学級の子にとっては『みる』スポーツだ」などとエクスクルージョン（排除）思想を蔓延させてしまう懸念すら生じるのです。

本章では、そのような長縄跳びにおいて新規採用教員が「共生体育」に取り組んだ実践を報告します。対象は、特別支援学級に在籍し自閉症スペクトラムを抱える児童（以下、A児）と小学校第2学年通常級児童24名です。

「みんなで縄を跳び越す面白さを味わおう」という単元テーマを設定し、跳べた回数や速さではなく「往復する縄をリズミカルに跳び越す面白さ」を味わう姿を期待した全4時間の授業実践です。

2●学習者に応じた学習デザイン

(1)少人数による「入り方」の協働探究

1時間目のはじめ、多くの児童がギリギリで長縄を跳び越えていく中、A児は常に引っかかってしまいます。縄に対し垂直方向に入ろうとしているため、走る距離が長く、前の児童との間が空いてしまい、リズミカルに縄に入れないのが問題だと授業者は見取ります。そこで、急遽4人組による課題解決型の協働学習に切り替えました。「横からと斜めから、どっちから入ると跳び越しやすい？」と選択肢を含めた発問をし、グループごとに縄に入りやすい向きを活動の中で考えさせたのです。

すると「横からだと走る距離が長くて、次に間に合わない」と気づく児童が出てきました。4人でのグループ活動において跳ぶ人数が2人しかいないからこそ得られた気づきです。「ここ（回し手のすぐ横）から前の人についていけば簡単に跳べる」と斜めから跳ぶとリズムがとりやすいことに言及する児童もいます。全体共有の場面では、運動の合理的な実践方法について対話的に学び合っていました。

その後、全グループが斜めから跳んでみる活動を何度も行い、技能の習得を目指しました。単に縄を跳び越す面白さだけでなく、仲間と連続して跳び越す面白さや跳び越しが繋がるスピード感を味わっている児童の姿が散見されました。

(2)横向き跳びの伝播

2時間目は前時の気づきを生かし、全員で斜めから入る跳び方で長縄跳びをはじめました。A児もみんなに倣い、斜めからの位置に並んでいます。しかし、自分の順番がやってくると、回し手から遠ざかる方向に走り出し、垂直方向に跳び越えました。縄の動きに追いつけずに引っかかる場面が続きます。授業者は、A児が横方向から動いてくる縄を跳び越える感覚をもっていないのではないかと考え「1人で長縄の連続跳びをしてみよう」という小テーマでのグループ学習に切り替えました。やは

写真12-1　正面から前向きに跳ぶA児

写真12-2　横向きに跳ぶA児

りA児は縄に対し正面から迎える（前向き）方向に跳び越えています（写真12-1）。往復する縄の速さに方向転換が追いつかず、2回続けるのがやっとでした。

しかし、自分が縄を回している際に見た他の児童の動きに影響を受けたのでしょう、グループ学習の終盤には、縄を横に見ながら連続して跳べるように動きが変容しています（写真12-2）。連続跳びを上手に行う仲間の動きがA児に伝播した学びだといえます。

(3) 仲間への支援

3時間目も前時同様、全員で斜めから入る跳び方で長縄跳びをはじめました。多くの児童がタイミングをつかめるようになり、縄を跳び越す楽しさを味わい、繋がるスピード感を楽しんでいます。

一方でA児を含む数名が、回す人のすぐ横ではなく、数メートル離れたところから走り込んできます。走る距離が長いため前の人との連続跳びにはならず、縄は何往復か空いたままです。

しばらくその状態が続いた後、ある児童が「連続で！」と大きな声で発言しました。授業者はその言葉を聞くと一度全員を集め、「何で『連続で』っていったの？」と問いかけました。すると、「連続の方が速くて楽しいから」と答えます。他の児童も「友達と繋がるとうれしいよ」「ポンポンポンと跳べる」と続け、半数以上の児童が「連続での縄の跳び越し」を楽しんでいることがわかりました。そこで、本時のテーマを「連続で跳び越す面白さ」に決定し、どうすればみんなが連続で跳べるかを協働探究しました。

試行錯誤の結果、子どもたちは回す人のすぐ横から縄に入れるように目印のリングを置いて視覚化を図る方法を発見します（写真12 - 3）。離れた場所から走り込んでいたA児や数名の児童も、リングを目指して進み、回す人のすぐ横からスタートできるようになりました。目印のおかげで、はじめて連続で跳ぶ面白さを味わえた児童もいます。A児は連続で跳ぶまでには至りませんでしたが、何往復も空いていた縄を一往復後には跳び越せるようになりました。跳び越すとはじける笑顔で走り抜けていきます。それを見ていた周りの児童にも笑顔が溢れます。

仲間のために試行錯誤し、A児の成功を自分のことのように喜ぶ互恵的な関係性が学びを深めていました。

写真12-3　縄に入る位置の視覚化

写真12-4　さりげないサポート

(4) さりげないサポート

A児は自閉症スペクトラムを抱えています。普段は友達との関わりも円滑で、クラスの人気者ですが、友達に注意されることや不得手なものに立ち向かっていくことを苦手としています。長縄跳びの授業でも、「つめて！」と注意されると悲しげな表情になり、集団から逸脱しそうになることがありました。4時間目の本時も、たまたま2回連続で引っかかると機嫌を損ね、やる気を失ってしまいました。並びの列もA児の前に隙間ができてしまっています。すると、すぐ後ろの児童がそっと背中を押し、スタート地点へとA児を誘導する姿が見られました（写真12-4）。このようなさりげないケアがA児を学びから逃避させず、次の運動（跳躍）へと誘っているのでしょう。

「ちがい」を包摂し、ケアする者の人間性は「みんな」が運動自体の面白さを味わう学び合いを持続発展させる重要なポイントだと考えられます。

3●共生体育における授業デザイン

本実践は、A児と通常級の児童が協働的に「縄を跳び越す面白さ」を探究することを目指した共生体育への挑戦です。授業者の省察の中核は、A児が「跳び越す面白さを味わえているかどうか」でした。いまの活動の直後もしくは次時に、A児がより「跳び越す面白さ」を味わうためにはどのようなテーマを設定し、どのような学習形態で学ばせるべきかを常に考えていました。しかし、それらユニバーサルデザインの協働探究の学びは、結果的にA児のためだけではなく、みんなに思考力・判断力・表現力を発揮する必然を与え、全員の技能向上にも寄与しました。

本実践で、A児が連続で跳べた時にみんなが笑顔になったのは、彼/彼女らがA児を自身の一部と捉えるようなケアリング関係がクラス内に溢れていたからでしょう。A児が長縄に入っていく時には、ほとんどの児童の身体が一緒に動いていたほどです。他者の成功を自分のことのように喜べる身体性は、共生社会の豊かな人間性の一部だと考えられます。

「1．はじめに」の教師像は、小学校教員時代の筆者（梅澤）自身の恥ずかしい過去と重なります。競争はたしかに盛り上がります。しかし、目的化した勝敗についてくるものは優越感と劣等感です。

優越感を味わうために「ちがい」を排除するのは学校体育では許されない時代に突入しました。これからの教師は反省的実践家として「ちがい」を包摂し、全ての学習者に有能感を育む共生的な学び合いの方略を探究していく必要があるのです。

藤本照美、梅澤秋久

第13章 中学校における共生ダンス

——性別・障害の有無・能力差のインクルージョン

1 多様性のある学習集団で行うダンス

A中学校の1年生には特別支援学級在籍で授業交流をしている生徒が数名います。その他通常の学級にも身体的な障害のある生徒や外国に繋がりのある生徒など、特別な支援・配慮を要する生徒が在籍しており、とても多様性のある学習集団だといえます。

本章では、ダンス領域「現代的なリズムのダンス」の導入段階で、性別、障害の有無、運動経験・能力等のちがいを包摂しながら、誰とでも安心して学び合える学習集団の育成を目指した授業実践について紹介します。

2●安心・安全の保障による不安軽減

「ダンスの授業って不安だな、何していいかわからないなっていう人？」

最初に教師が尋ねると、大多数の生徒が挙手をします。そこで次のように伝えました。

「ダンスはみんなが前回までやっていたサッカーとちがって、基本的に決まったルールはありません。みんなが考えたり感じたりしたことを自由に表現するもの。だから『こんなことしたら変かな？ 笑われるかな？ カッコ悪いかな？』などと考えず、恥ずかしさを捨ててノリノリで動いていいんです。そのためにも、ダンスの授業では他の人のアイデアや動きを認め合って尊重、つまり大事にすることが必要だね。だから仲間のアイデアや動きをあざ笑うようなことは絶対になしです。それが、この授業で必ず守ってほしい約束。その中でのびのびと思いっ切り身体を動かすことを楽しみましょう。今日は最初ですので、身体を使ったリズム遊びをしてみます。何も難しいことはしませんよ」

すると、一部の生徒から安堵の表情や笑顔が見られました。

3 障害の有無を包摂する多様な身体活動・表現の保障

B組には上肢に障害のあるKが在籍しています。Kはそのハンディキャップを感じさせないほど学校生活の大部分を自分自身で行うことができます。また、支援が必要な時は自らその意思を他者に伝えることもできる生徒です。周囲の生徒たちは、必要に応じてKをサポートすることはありますが、決して特別扱いするわけではなく、クラスの仲間の1人として自然体で受け止めています。

ペアの背中を押して負荷をかける柔軟体操の場面。Kは自分が押す役になった際、どうすべきかを教師に尋ねてきました。周囲が手で相手を押しているからでしょう。教師がK自身の他の部位を使って押せることを伝えると、Kは少し考え、肩から胸の体幹部を使って仲間の背中を押しはじめました。ペアの生徒もその負荷を感じてやや痛むのか、笑いながら首を左右に振りつつ前屈しています。K自身の活動の可能性だけでなく、仲間との関わり方も広がった瞬間です。

「次は誕生日ごとに①1~9日、②10~19日、③20~29日、④30、31日の4グループに分かれましょう。その後グループごとに、日にちの早い人から順に並びます。もし同じ誕生日の人がいたら出席番号の早い人が前です。ただし、声を出してはいけません。口パクや指で数字を表すのもいけません。体のいろいろな部分を使って数を表現して並んでみてください。ではスタート！」

教師の合図を聴いて、身体を一直線にして「1」を表現する生徒、腕と脚でそれぞれ○をつくり「8」

写真13-1　全身を使って表現された「8」

を表現する生徒（写真13-1）。それぞれが思い思いの表現方法で数を表しますが、うまくできない生徒もいます。そこで、

「数の表現の仕方は、形だけにこだわらなくていいよ。例えば声以外の音を使うのはどう？」

と教師が全体に促します。すると、それまであまり動きのなかった生徒も手や足を打って数を表現しはじめました。最後に「答え合わせ」として、順に自分の誕生日をいいながら1人ずつ移動。全員が移動し終えたところで1つの大きな円の完成です。全員が協働して課題を達成できたことに拍手をして称え合うと、子どもたちに笑顔が広がりました。

ここでは、ノンバーバルコミュニケーションによる他者との協働を意図した課題に取り組む中で身体表現の多様性に気づき、その考えを尊重する姿勢を育むねらいがあります。表現方法にいくつか制限を加えることで、上肢に障害

のあるＫも含め、個々のもてる力で自由に表現できるような仕掛けがポイントだといえます。

4●運動経験・能力差に配慮した課題の工夫

「先生が打つリズムをその場足踏みで真似してみよう！」

最初は単調でゆったりのリズム。これは全生徒ができます。次は少しだけ細かくした単調なリズム。これでもまだ余裕です。

「どう？　これくらいならみんな簡単だね。じゃあここからは少し難しくなるよ～」

と教師が予告します。生徒の不安そうな表情をよそに難しいリズムに挑戦します。「トトトトトットン、トントン」。生徒の足音はバラバラです。空間は一気に残念そうな表情と苦笑いで満ちます。しかし、何度か挑戦すると、「トトトトトットン、トントン！」全員が揃いました。体育館はホッとしたような笑顔や達成感で包まれています。

「ではもっと大きな動きでやってみよう！」

さらに複雑なリズムにもチャレンジしようという教師の言葉に、先ほどよりも前のめりになっている生徒が増えています。生徒たちは、間違えても大きくリズムを刻むようになったのです。

この活動は、多くの生徒が抱くダンスに対する不安感を軽減する目的で行っています。いわば運動経験や能力差などのちがいから生じる不安に配慮したアプローチです。具体的には、誰にでもできる足踏みという簡単な動きで安心感を抱かせると同時にKに対する配慮も含んでいます。さらに、難しい動きも反復すれば「できる」という成功体験を味わわせ、試行錯誤での協働達成の楽しさを、以後のグループ活動に繋げるということもねらっています。

5●「誰とでも」の協働で生まれる没頭

先のリズムを真似る活動を、隣同士がペアになって行います。円の並び順で機械的に区切るため、性別は関係ありません。リーダーを交替しながら思い思いのリズムを表現します。

「今度はそのペアのまま、足踏み以外の方法でリズムを表現しお互いに真似してみよう。身体のどこが使えるかな?」

教師が問いかけると「手拍子」「頭」と返ってきます。

「どんなふうに?」

という問いには、座ったまま足裏を合わせて打つ子、前後に頭を振る子など、子どもたちの反応は様々です。

「他にも肩やおしり、いろいろな場所が使えそうだね。動きも、振ったり回したり以外にもいろん

写真13-2　ダイナミックな表現に周囲も注目

な動きができそうだね」

教師は、自分で考えた動きを表現し合えるよう投げかけます。

C組のS美とN男は、スタート直後はやや恥ずかしそうで、動きにぎこちなさが見られました。しかし、N男が覚悟を決めたように大きな動きを見せはじめるとS美もそれに呼応して笑顔で大きな動きを見せます。気づけば2人とも臆することなく堂々と自分のアイデアを表現し合っていました。動きも単調なものから徐々に複雑かつダイナミックなものになっていきます。周囲など気にせず、音楽に合わせて心と体が一体となった「からだ」そのもので対話し、協働してダンスの楽しさに没頭している姿です（写真13-2）。

後半、グループを拡大して同じ活動を行うと、周囲の生徒もS美とN男の動きに倣って、前半よりも大きく堂々と、そして表情豊かに動くようになりました。

6 まとめ

導入段階にあたる今回のダンス授業実践では、単元全体の土壌づくりとして性別や運動経験、障害の有無など、多様なちがいを尊重しながら共に学び合う「共生の視点」に基づいた展開を重視しました。また、「音楽やリズムに乗って、自由にのびのびと、思い切り大きく動く楽しさを味わう」というダンス領域の特性を全ての生徒が味わえるように学習デザインを試みました。個々が不安を感じにくい課題設定、誰とでも多様な考えや表現を尊重し合う姿勢を重視するという働きかけは、子どもたちに安心感を与える効果があると考えられます。

「いつでも、どこでも、誰とでも、いつまでも」が生涯スポーツのキーワードならば、共生体育は「誰とでも」安心してスポーツ・運動に参加できる基盤をつくるための学び合いの場になるといえるでしょう。

髙野陽介、泉真由子

第14章

四肢麻痺のある生徒の水泳授業の実践
――「結果の平等」から「機会の平等」への保健体育の転換

1●はじめに

2016年4月に障害者差別解消法が施行され、日本は「障害のある人もない人も、互いに、その人らしさを認め合いながら、共に生きる社会をつくる事を目指す」(内閣府、2016)こととなりました。これは学校教育現場においても同様で、ますます真正のインクルーシブ教育の実現が求められるようになっています。日本とアメリカは世界の中でも特に平等主義的な学校教育(初等中等教育)システムをもつことで知られていますが、「機会の平等」を重視するアメリカに対して「結果の平等」

を重んじる日本では、インクルーシブ教育の実現には本質的な難しさがあると指摘されています。多様性を包摂するような学校教育を実現させていくためには、私たちがこれまで基本原則と考えていた事柄も異なる視点で再検討する必要があるのかもしれません。

本章では、公立中学校において「機会の平等」を重視した共生体育を実践し、障害のある生徒の心身の成長をもたらしたひと夏の記録を紹介します。

2 横浜市立仲尾台中学校の取り組み

横浜市立仲尾台中学校の第3学年の通常級には、脳性麻痺により四肢に麻痺があり日常的に車椅子を使用して生活している双子の兄弟（AとB）が在籍しています。2人は1・2年次の体育の授業は、障害のない生徒たちとは別メニューを行うか見学をしており、他の生徒たちと一緒に活動を行う機会はほぼありませんでした。

3年になって2人の体育を担当することになった先崎教諭と磯ヶ谷教諭は、本人たちの希望を聞きながらどうしたら2人が安全に他の生徒と同じ活動を行うことが可能になるか、試行錯誤をしながら取り組んでいました。そこで横浜国立大学教育学部と連携し、障害のある生徒にも「機会の平等」を実現する水泳の授業実践を試みたのです。

3 取り組みの経過

(1) 水泳の授業開始前の状態

2人とも小学6年生までは体育での水泳には参加していましたが、中学生になるとプールに入りたいという気持ちをもちながらも、泳法主体の授業展開と他の生徒や教員に迷惑をかけたくないという思いから毎回見学することを選択していました。中学3年になり、不安や迷いはあるが実は自分たちもプールに入ってみたいという気持ちを教員に伝え実現することとなりました。

一方、先崎教諭と磯ヶ谷教諭は、2人を水泳の授業にぜひ参加させたいと考えるものの、彼らの水中での動きの状態、泳力の程度等がわからず不安を抱いていました。また2人のために支援員を毎時間用意することができるのか、安全面に十分配慮することができるのかも悩みでした。そこで横浜国立大学の教員や学生たちと相談し、毎時間1~2名の支援員を確保する算段を整えました。

次に、水泳の授業がはじまる前の7月5日の放課後、2人と教員だけが実際にプールに入り、状況を確認する時間（プレ・プール）を設定しました。安全対策の1つとして水深を調整するためのプールフロアを用意しました。先崎教諭は、「2人のためだけではなく、他の泳げない子のためにもこれは必要なモノ」ということを何度も強調して説明し、思春期特有の繊細なプライドを傷つけない配慮をしています。プールサイドに行くと、2人とも水を怖がり、なかなか入水しようとしません。Aは

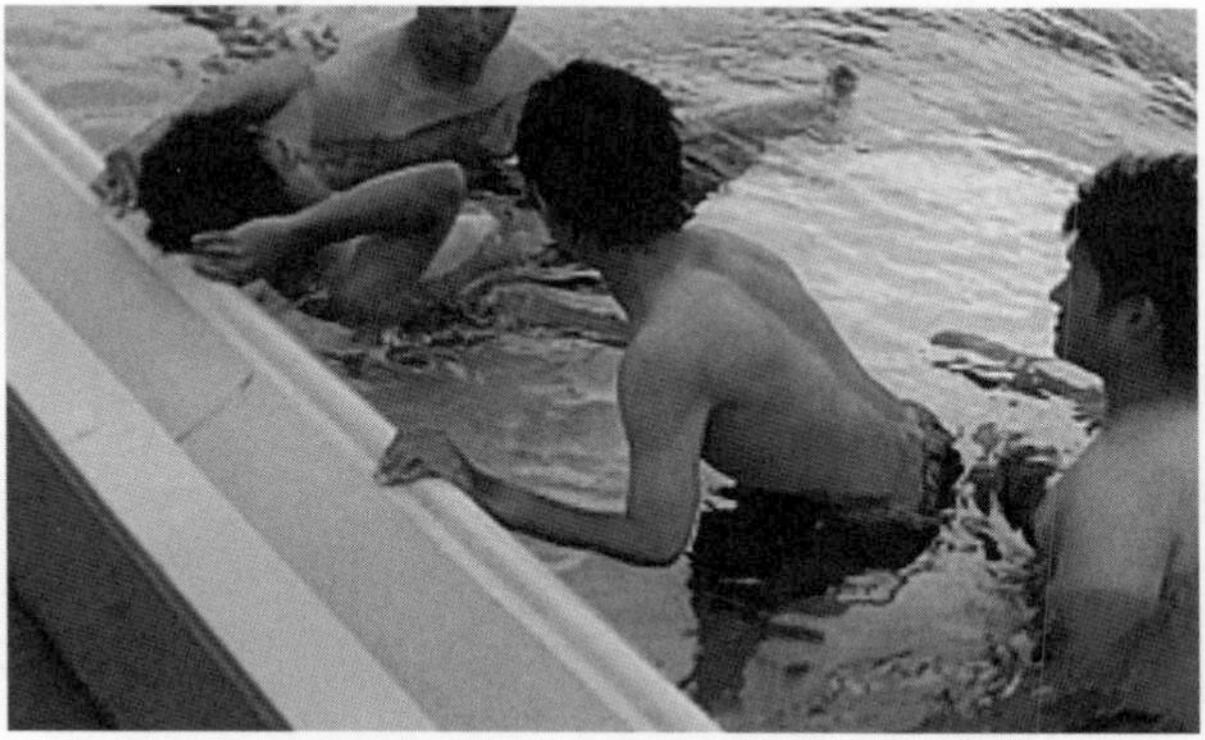

写真14-1　身体が水に浮く感覚を確かめるAとやっと腰まで水に浸けることができたB

5分程度、Bは15分程度の時間を要しました。この間、教員たちは決して無理強いはせず、明るく楽しい雰囲気を維持しながら2人が自主的に入水するのを見守っていました。

一旦プールに入るとAはすぐに水に慣れ、身体を浮かせたり顔を水中に潜らせたりしています。水の中の方が身体を自由に動かせるという感覚や少しの力で簡単に移動できるという感覚を確かめていました（写真14‐1）。怖がっていたBも「何かあってもすぐに助けてあげるから大丈夫」という言葉を聞いて、恐る恐る水に顔を浸けたり身体を動かしたりと水中での自身の体の感覚をゆっくり確かめ、最後には笑顔も見られるまでになりました。先崎教諭たちも「（本番の授業の前に）試しにプールに入れてみて本当によかった。思ったより動けて安心したし、目標も少し見えた」と事前準備の効果を実感していました。

写真14-2　緊張からうまく浮かぶことができないB

写真14-3　クロール的な泳法で進むA

(2) 水泳の授業開始

【第1回目　7月9日】

1回目の水泳の授業では2人ともすんなり入水しました。プールの端の1コースの半分（12・5m分）を2人が使用し、残りの半分を泳ぎが苦手な生徒たちが、他の4コースを泳げる生徒たちが使用して授業が行われました。Aはうつ伏せで水に浮かびながらあれこれ手を動かし、どのようにしたら前に進むことができるのかを考えながら取り組んでいます。一方、Bは水に浮かぼうとしますが力がうまく抜けず沈んでしまったり、水中でバランスを崩し身体が傾いてしまったりして悪戦苦闘していました（写真14－2）。

【第3回目　8月28日】

Aは、クロールの腕の使い方を練習しています（写真14－3）。肩と肘の可動範囲が狭く犬かきのような

写真14-4　水かきグローブを用いて水かきの練習をするB

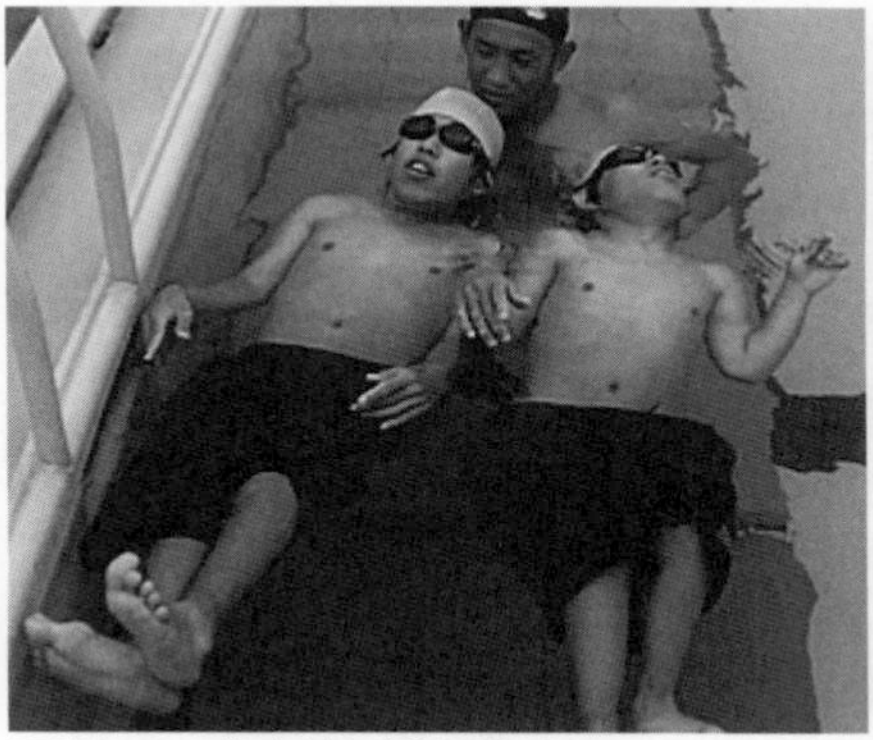

写真14-5　仰向けに浮かぶ2人

動きになってしまいますが、前に進むことができました。Ｂは手で水をかく感覚自体がつかめなかったので、水かきグローブを使って練習しました（写真14－4）。水の抵抗が強すぎて腕を動かせなくなってしまうため最終的にはグローブは外しましたが、手で水をかく感覚は十分体得することができました。

【第5回目　9月1日】

夏休み明けの最初の水泳の授業でした。この頃になると全く水への抵抗感がなくなり、自主的にプールフロアのないところで泳ぎはじめるなど、よりうまく泳げるようになりたいという意欲と積極性が出てきました。この日はそれぞれが犬かき様のクロールで５ｍずつ数回泳いだ後、仰向けで水の中に浮かぶ練習をしました（写真14－5）。最初は体に力が入りすぐに沈んでしまいましたが、何度か繰り返すうちに力を抜いて徐々に浮けるようになってきました。

【第7回目（最終回） 9月10日】

この日はテストでした。A、Bは他の生徒とは異なる課題で、犬かき様のクロールで5mと、（他の生徒にはない課題で）追加で水中での息止めのテストを受けました。息止めではAは30秒（水泳初回の授業の時より14秒延長）、Bは32秒（4秒延長）となり、2人とも記録が伸び、達成感が得られました。

4 取り組みを振り返って

2年ぶりに水泳の授業に参加した障害がある生徒の取り組みの様子を紹介しました。授業前に実施したプレ・プールをきっかけに、生徒も教員も水泳の授業に参加することに自信と見通しをもつことができました。プールフロアと支援員を用意し、またあえて泳げる生徒とは場所を分けて個別の指導をすることにより安全面を確保しました。その結果、生徒たちは水中で麻痺のある身体をコントロールし前進して泳ぐ、水に浮く感覚を獲得することができました。

一方、反省点・今後の課題として、障害のある生徒とない生徒が関わる場面を設定できなかったこと、障害がある生徒に別課題を実施した場合の評定に関する評価の問題の2点が挙げられました。

障害のある生徒と障害のない生徒が共に学ぶインクルーシブ教育は、「結果の平等」を重視するとなかなか実現が望めません。今回は「機会の平等」を重視し、個々の身体能力に合わせた実技の取り組みを行ったことにより、障害のある生徒たちの運動への意欲の高まりと達成感をもたせることができました。今後は他の生徒たちと関わり合う機会を設定した真正の共生体育に繋げていく必要があると考えます。

藤原亮治、梅澤秋久

第15章 障害の有無、異年齢、性差を包摂する高校生のインクルーシブスポーツ創造プロジェクト

本章では、障害の有無やその種別、また年齢、性差にかかわらず多様な子どもたちが汗をかきながらコートを夢中で走り回れる、そんな空間を創造しようと奮闘した高校生のプロジェクト学習を紹介します。

1 取り組みの概要

筑波大学附属坂戸高等学校（以下、筑坂）では、体育科目において、知的障害を有する生徒が通学

写真15-1　ボランティアの様子

する筑波大学附属大塚特別支援学校（以下、大塚）と協働し、互いが楽しめるインクルーシブスポーツの創造を実践してきました。

当初は、原体験を生かし「既存のスポーツを対象となる学習集団にアダプト（適合）させる」手法をとりました。原体験として障害者スポーツ・レクリエーション大会のボランティア（写真15‐1）と大塚生との交流会を設定し、その後スポーツ創造に着手します。大塚生とはさらに二度の交流学習を通じて、それぞれの提案したスポーツについてフィードバックし合い、インクルーシブスポーツの完成度を高めていきました（写真15‐2）。

こうした学習はさらなる発展を遂げます。２０１７年度からは筑波大学附属学校全て（小・中・高・特支）の生徒を対象とした「共生シンポジウム」において、筑坂の生徒が自分たちでつくったスポーツのプロモーションをすることになったのです。すなわち、創造するスポーツの参加対象がシンポジウムに参加する障害種別も年齢、性別も多様な児童・生徒に広がったということです。

2 交流・体験による生徒の意識変化

筑坂生は事前体験及び交流の中で、多くの気づきを抱くようになります。体験後の振り返りにおいて、「私と同じように興味ないことには座ってじっとしている人、私よりボールを捕るのがうまい人、私より積極的に話しかけられる人、人によってできることできないことにちがいがあるのは、別に〈障害—健常〉といった対立軸でなく、個人差だよね」と述べています。また、「普段の体育の種目だって難しくて、私できないし」という意見も聞かれました。

写真15-2　大塚との交流学習

これらの気づきは普段実施している既存のスポーツ種目が「ちがい」を許容できないものになっていることへの問題意識だといえるでしょう。生徒たちは、スポーツに対する「あたりまえ」から脱却し、新しいスポーツを創造することの意義と動機を高めていきました。

3 誰もが楽しめるスポーツをつくろう

「みんなが楽しめるスポーツにするために、弊害となるものは何か」

生徒たちはまずこのことを検討し、次の3つの問題点を明らかにしました。

(1)体格差・技術差が反映されやすいものは恐怖心・不安感を与える
(2)ルールが難しいと楽しさの共有に時間がかかる
(3)初対面の人への関わり方には個人差が大きい

これらを解決するスポーツを創造しようと取り掛かります。しかし、これまで規定のスポーツをより高度にこなすための勉強を強いられてきた彼/彼女らにとって、その枠組みから外れたスポーツを創造するのは容易ではありません。

陥りがちなのは、道具/ルールの改善が、できないコトを消去するためだけの工夫になる点です。「できる」ことに意義を感じていない生徒にとっては夢中になれず、空虚な単純作業的な学習ムードが醸成されてしまいました。

生徒がこうした状況を抜け出し、より発想の自由度を高めるために、ある映像を提示しました。それは「ゆるスポーツ」です。年齢・性別・運動神経にかかわらず、誰もが楽しめるユニークなスポーツばかりで全ての体験者を笑顔にしています。その映像を視聴していく中で生徒たちは大きな気づきを得ました。

「みんなができるようになることが難しいのであれば、みんなができないことを楽しめる空間をつくればよい」

できないことが肯定的に見える空間づくりという新しい視点を得た生徒たちはより自由度の高いスポーツの創造を加速させていきました。

4●生徒が創造したスポーツ

2018年度に創造したスポーツは〈キックリン〉と名付けられました。デザインコンセプトは「繋がって楽しい」「キックできなくても楽しい」です。

まず使用ボールをキンボールにしました。キンボールは直径122cm、重さ1kgという巨大で軽いボールです。キックリンにおいて、この巨大なボールが次のユニバーサルポイントを創発しました。

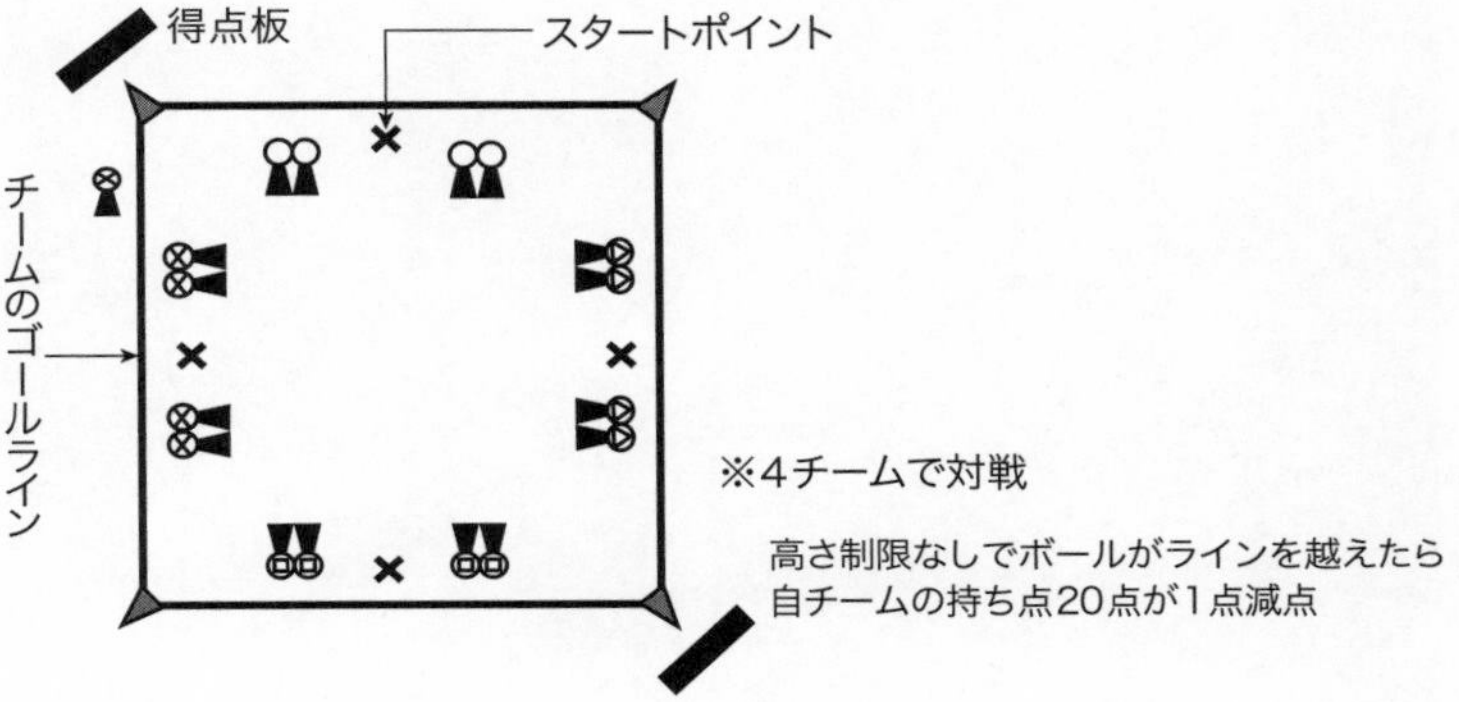

図15-1　キックリンのルール

・小学生と高校生、性差等、体格差があっても直接的な身体接触を避けられる。
・蹴ることができない人には手によるプレイを可としているが、手を蹴られることを気にせずプレイできる。
・コントロールが難しく、フェイントなどの技術差が生じにくい。
・空気圧を低くすることで、ボールのスピードを抑制できる。
また、チームの中で対話や声かけが生まれやすく、初対面でも自然とコミュニケーションがとりやすくなるといったインクルーシブな環境デザインとして、次の2つを重視しました。
・2人1組で繋がってプレイする。
・一方向でなく多方向での攻防が生まれるコートにする。

写真15-3　多様なメンバーで「キックリン」

さらに、より多くの者がプレイに参加できるよう、ボールを2つ、対戦チームとゴールラインをそれぞれ4つにしました（図15‐1）。コミュニケーションを取り合わなければ進みたい場所にすら到達できません。チーム内のカバーリングがなければ他の3チームにゴールを割られてしまいます。総じて、協働性の高い真正なインクルージョンが生まれるスポーツが創造されました。

5●共生シンポジウムの様子

共生シンポジウムでは宿泊型交流会に参加した学校群の児童生徒と今回のイベントに興味をもった児童生徒が150名ほど集まりました。

はじめて出会う多様な子どもたちの中で、内気な筑坂の生徒もこれまでの交流経験を生かし、状況に応じ

写真15-4　共生シンポジウムで広がる輪

て柔軟に修正を加える様子が見られました。

試合中には順番待ちのチームメンバーを含め、いたるところでチームをサポートする大きな声が響き渡り、予想以上に真剣で、かつ笑いの絶えないスポーツ交流となりました（写真15‐3）。

終了後、別ブースの順番待ちの間、スポーツを通じて交流した子どもたちは障害種や年齢にとらわれず、自然と遊びの場を創りはじめました。

電動車椅子で参加した小学校中学年のアキラ（仮名）は、普段公園に行くとはしゃぎまわる同年代の子に身の危険を感じ引き返してくることが多い児童です。しかし、この日はみんなの側を離れようとせず、一緒に遊べる機会をうかがっていました。すると、キンボールをもった高学年のシオリ（仮名）が近づいてきて遊びはじめ、その輪が5人、6人と広がっていきました（写真15‐4）。アキラの保護者は一連の様子を見て「はじめてかもしれない」と目を細めていました。

「体育館の中には確かに小さな共生社会が広がっていた」

これは進行の主担当であった筑坂生が終了直後、授業者のもとに駆け寄ってきて瞳を輝かせながら発した言葉です。

6●おわりに：共創的体育の効果

「つくる」スポーツの実践者である筑坂の生徒たちは、スポーツとの関わり方にさらなる挑戦をしていきました。多様性に配慮したスポーツ環境を整備するための募金活動、子ども食堂や福祉施設でのスポーツコンテンツ創り、パラスポーツの普及活動等です。

スポーツが共生社会を実現する重要なリソースになることを「知り」、当事者意識をもって主体的・対話的に「支える」活動を発展・拡張していく学びの深まりは、スポーツによるシティズンシップ（市民性）教育そのものだといえます。

画一的なルールでの競争では排除されやすい者の立場に立ってスポーツを共創し、スポーツを通じて共に生きる「すべ」を学ぶという、真正の共生体育における探究的な学び合いの好例だといえます。

第3部

【実践編②】
運動格差の共生

矢邉洋和、梅澤秋久

第16章 運動をする子としない子の格差を包摂する体育

――運動格差の解消に向けたゴール型ゲーム

運動が得意な子／不得意な子は、どの学級にも存在するでしょう。本章では、そのような「運動格差」を包摂する共生体育を目指した実践事例を紹介します。

1 対象児童と実践概要

本実践では、A子とB男の2名に着目します。A子は遠慮がちで大人しい女子児童です。体育学習全般において消極的で、特にボール操作には苦手意識があります。一方、B男は地域のサッカークラ

《場》

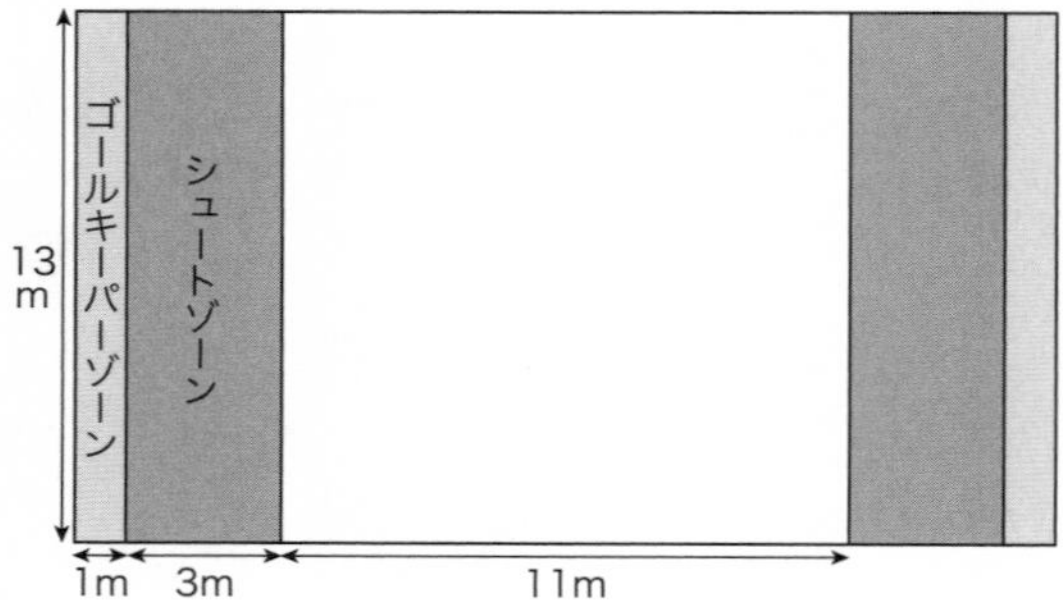

《ルール》
○2コート4チームで、1チームは9～10人
○ドリブルなし、パスでつなぐ
○ゴールキーパーゾーンの後ろの壁がゴール
○攻撃側しか入れないシュートゾーンに入ってパスを受ければシュート可能
○チーム内をフィールドプレイヤー（FP）とゴールキーパー（GK）に、約5人ずつに分け、GKは全員一斉に出場する
○FPは3人対3人で、出場しないFPはコートサイドで仲間の活動を見取る

《1時間の流れ》

テーマ確認等	前半			作戦タイム	後半			振り返り
	ゲーム1 ゲーム2 ゲーム3	入れ替わり	ゲーム4 ゲーム5 ゲーム6		ゲーム1 ゲーム2 ゲーム3	入れ替わり	ゲーム4 ゲーム5 ゲーム6	

○1ゲーム約2分
○ゲーム3が終了したら、キーパー役とフィールドプレイヤー役が入れ替わる
○振り返りは、①両チーム振り返り、②チーム内振り返り、③全体振り返りの順で行う

図16-1　タッチダウンハンドボールの場とルール、1時間の流れ

ブで活躍し、運動会では選抜リレーの選手となるような男子児童です。体育ではどの運動領域でも高い技能を発揮し、A子とは対極にあるといえます。

単元は、第4学年（38名）のゴール型ゲームであり、ハンドボールをもとにした「タッチダウンハンドボール」と名付けたパスゲームです（詳細は図16‐1）。運動の特性の中核を「突破をめぐる攻防の面白さ」と捉え、格差是正のため「ドリブルなし」というルール設定をしました。これにより運動が得意な子が、個人プレイに走れなくなるため、チーム全員がボールをもたない動きを重視する協働的な攻防に期待したのです。

2●前提となる安心感

A子のような運動が苦手な子が、ボールゲームに積極的に参加できないという状況はどうして生まれるのでしょうか。その要因は安心感がない（＝不安が存在する）ためだと考えます。

まずは「ボールが怖い」「痛い」といったモノへの不安の存在です。そこで、投／捕球しやすく、当たっても痛くない、小振り（直径約16㎝）でつかみやすい柔らかなボール（TOEI LIGHT社製ソフトフォームボール）を用い､怖さや痛さの解消を目指しました。共生体育を目指す上では､万人が「安全・安心」を感じられるユニバーサルなモノの活用が重要だといえます。

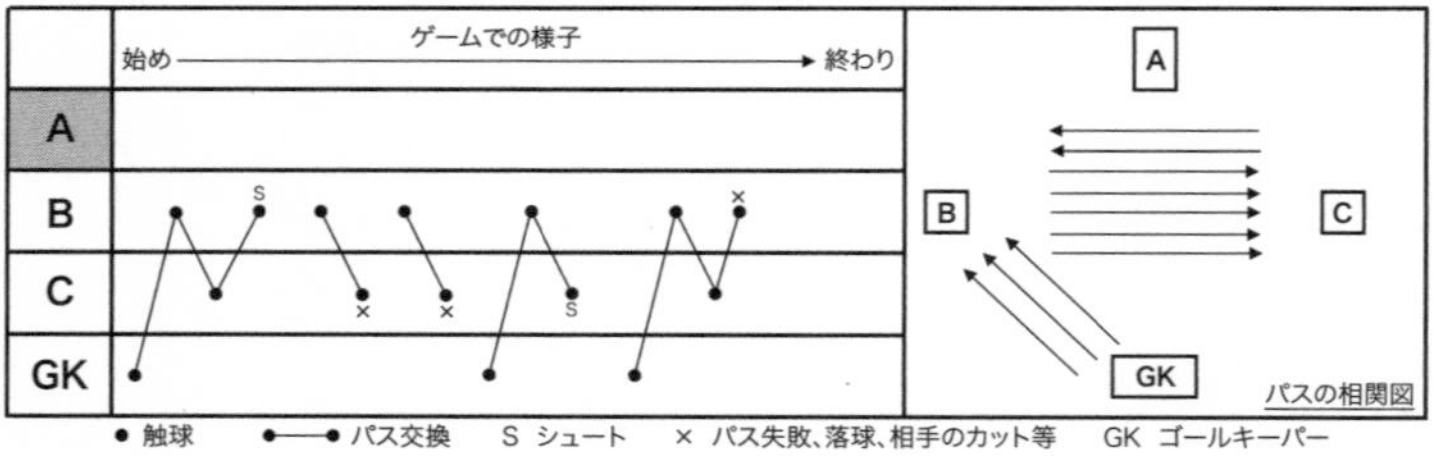

図16-2　3時間目の心電図型ゲーム分析およびパスの相関図

また、ミスをすると周りから責められるといった不安も存在するでしょう。本実践を行った学級では、４月の体育の授業開きの際、「プレイ」の前提（西村１９９０）を踏まえ、「できる」と「できない」の間、「勝つ」と「負ける」の間を楽しむこと、そのために「前提としての安心感が大切である」ということを子どもたちと共有し、繰り返し確認してきました。

3● 授業の実際

同じチームのA子とB男は単元当初、どのような様子だったのでしょうか。

図16‐2は、A子とB男にC男を加えた3人がチームを組んでプレイした3時間目を、「心電図型ゲーム分析」「パスの相関図」（大貫１９９５）によって触球やパス交換を図式化したものです。ゴールキーパー（GK）からのパスは全てB

男に渡り、そこから終始B男とC男のみのパス交換によってシュートにもち込んでいることがわかります。

A子の3時間目の動きをビデオ映像で分析すると、ゲーム中に「立ち尽くす」という現象が目立ちました。1時間目のA子の振り返りノートには「私のせいでミスしてしまった」という言葉がありました。つまり、3時間目までのA子にとって、最大のチームへの貢献は「邪魔をしないこと」だったと考えられます。

一方、スペースの認識力に優れるB男は、どのゲームでもシュートに直結するような味方の前方スペースをねらった「鋭いパス」を多用していました。しかし、結果的に仲間が追いつけなかったり、速すぎてキャッチできなかったりしたパスが9回（38％）ありました。受け手がB男と同レベルの技能の持ち主であれば、全てのパスは繋がったでしょう。しかし、3時間目までのB男のパスは、自分よりも技能が劣る他者に対しての配慮は薄いものだったといえます。

A子はゲーム中、手を挙げたり、広げたりして「パスちょうだい」と要求する行為を3回していましたが、B男にとって技能が特に劣るA子に対しては、「パスをしない」のが最善のプレイとして選択されていたと考えられます。

以上のような得意な子だけでゲームを進め、不得意な子が「空気のような存在」となっている様相はどの学級でも起こりうるのではないでしょうか。

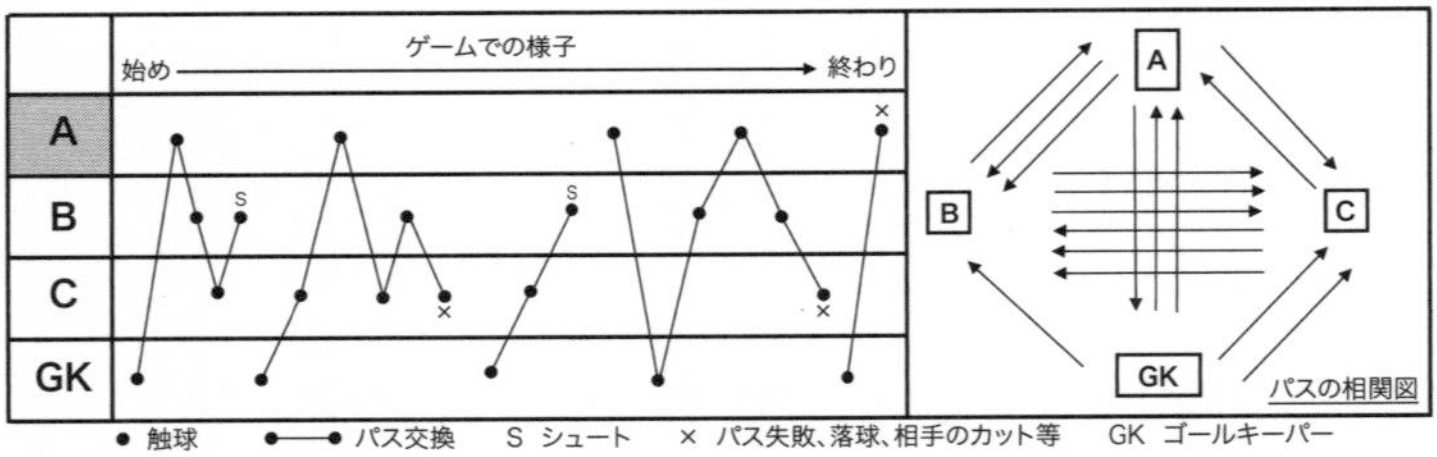

図16-3　5時間目の心電図型ゲーム分析およびパスの相関図

4●5時間目の変容

3時間目以降に、A子とB男とC男という同じ3人の組み合わせでチームを組み、同じ相手と対戦した5時間目の「心電図」と「パスの相関図」は図16‐3の通りです。3時間目のゲームでは一度もパスが渡らなかったA子にも多くのパスが繋がりました。その要因は「学習テーマによる方向づけ」だと考えられます。

矢邉教諭は、5時間目のゲーム前、「メッセージを伝え合ってますますゲームを楽しもう」というオープンエンドな学習テーマを提示しました。

ゲーム中は誰もが「パスをちょうだい」といった主体的なメッセージを伝え合う必要があります。しかし、運動が不得意な子の多くは消極的であり、そのメッセージをうまく伝えることができません。ボールゲーム場面でケアが必要な子には、ケアラー（ケアする者）による受容的・共感的な働きかけ（例えば、ケア的なパスや受容的な態度）が不可欠です。

矢邉教諭の導入場面での「全員が『メッセージを伝え合う』ってどういうこと？」という投げかけでB男はハッとします。自身が投じ続けてきた「鋭いパス」や「パスをしない」という行為にはメッセージがなかったと気づいたのでしょう。

本ゴール型ゲームは、突破できる／突破させない攻防が面白いスポーツです。格差を包摂した生涯スポーツ場面で不可欠な配慮あるパスとは、相手チームに奪われない最も遅いボールでしょう。共生社会における豊かなスポーツライフの実践者を育成する体育において、「他者を自分自身の延長と捉える」（メイヤロフ1987）というケア思想をプレイで体現しようとする「態度」が求められます。

矢邉教諭は、B男のような運動能力が高い子には「受け手に捕りやすく、それでいて相手にカットされず、かつチャンスに繋がるパス」という抑制の利いた高次な「技能」の発揮を期待したのです。

B男の5時間目のパスは変容し、4回のゲームで全10回のパスを投じ、受け手が追いつけなかったり速すぎてキャッチできなかったりしたミスは1回（10％）に減少しました。B男は授業後、「みんなとメッセージを伝え合って前よりいいパスが出せるようになった」という言葉を振り返り用紙に残しました。

仲間からの「優／易しいパス」によるA子のキャッチの成功は、A子への信頼とA子自身の自信に繋がったようで、5時間目には「パスをちょうだい」といった要求を13回にまで増加させ、空気のように「立ち尽くす」姿は皆無となりました。さらに、「〇〇にパスして」と大きな声でメッセージを伝え、主体的・対話的にゲームにのめり込んでいきました。

5●まとめにかえて

「苦手だった体育にとても前向きになり、体調が悪くても体育の授業だけは受けたいというほど体育好きになったことに驚きました」

A子の母親は、4年生の終わりのアンケートにこのような言葉を記しました。矢邉教諭は、モノやルール、テーマの工夫、ゲームの少人数化などと合わせて、実践の中で終始大切にし続けたのは、「心の安心・安全を互いに保障し合う」という共生の思想です。

共生体育は、格差社会における全ての子どもが豊かなスポーツライフの実現の基盤をつくる思想と方法だと考えられます。

〈引用・参考文献〉

◎M・メイヤロフ、田村真訳（1987）ケアの本質―生きることの意味．ゆみる出版．
◎大貫耕一（1995）「ゲーム分析の方法」、阪田尚彦・高橋健夫・細江文利編、学校体育授業事典．大修館書店．
◎西村清和（1990）遊びの現象学．勁草書房．

◎梅澤秋久・矢邉洋和（２０１４）「運動格差を解消するための学校体育におけるケアリングの実証的研究」横浜国立大学教育学会研究論集第３号，pp.１－11.

梅澤秋久

第17章 豊かなスポーツライフに繋がるアダプテーション・ゲームの提案

1●はじめに

現代の子どもたちの体力/運動能力に関する最も大きな問題は、格差でしょう。特に、低水準層の拡大が深刻だといえます。また、1999年の「男女共同参画社会基本法」の施行に伴い、2008年の中学校保健体育科の学習指導要領では武道とダンスの必修化がなされ、男女共習の推進が図られています。さらに、2016年4月よりいわゆる「障害者差別解消法」の施行に伴い、2017年に改訂された学習指導要領（以下、「2017要領」）の体育/保健体育では「共生」の視点が明記され、障害の有無にかかわらず、合理的配慮のもと共に学ぶ方向が示されました。つまり、「共生」の視点が重視された「2017要領」における体育は、多様性＝「ちがい」のある全ての子どもの「豊かなスポーツライフ」の実現のための教科へのアップデートが必要不可欠になったといえるのです。

以上のような「ちがい」を踏まえた上で体育でのゲームを行う際、気をつけなければならないのは、勝敗の扱い方でしょう。

梅澤（2016）は「勝つための方法／作戦を考えよう」といった勝利を目的化した体育では「勝つための（一番効率的な）方法は、できない奴がいなければよい」と「子どもたちは感覚的に気づいている」と述べています。同様の情況が『14歳、明日の時間割』（鈴木2018）の「5、6時間目体育」に、格差の低水準生徒の視点から生々しく描かれています。運動が苦手な学習者は、チームに迷惑をかけないように自ら進んで「敵チームの陰に隠れ」、空気のような存在になろうとしていることを教えてくれます。これは豊かなスポーツライフとは真逆の思考と行動だといえます。

要言すれば、画一的なルールで実践されるゲームにおいて「ちがい」のある学習者が共に学び合うのは非常に難しいと考えられるのです。

そこで、本章では、「ちがい」を包摂し、全ての学習者が全力を尽くして運動するためのアダプテーション・ゲームの理論と実践に向けた学習の概略を紹介します。

2 アダプテーション・ゲームにおけるPDCA

従来の、学校間の接続（入試や内申書）のために獲得し、実社会では生かしにくい学力という概念を超え、生涯学び続けるための資質・能力が必要な時代になっています。すなわち、①生きて働く「知識・技能」、②未知の状況にも対応できる「思考力・判断力・表現力等」、③学びを人生や社会に生かそうとする「学びに向かう力・人間性等」です。このような資質・能力を育成するには、学習者が能動的・協働的に試行錯誤を繰り返す必要があると考えられます。つまり、教師の支援に基づき学習者らが主体的にＰＤＣＡサイクルを回していくような学び合いが求められていると換言できます。

体育に限定すれば、その種目ならではの運動特性（＝運動の本質的な面白さ）を主体的・対話的に深く学ぶ必要があるといえるでしょう。例えば、球技では学習者が主体的・対話的に戦術などの最適解を協働創造し、技能を身につける戦術学習が既に広く実践されています。しかしながら、競技者向けにつくられているルールでは、球技の特性である「ゴール」や「突破」の面白さを味わえるのは一部の有能な者だけとなりかねません。あるいは、その高水準の学習者が抑制してあげる「お情け」で、低水準の子どもたちが運動の特性を味わわせてもらっているような情況に陥りかねません。

そこで、「ちがい」を受け容れ、生かし合うための一手法としてアダプテーション・ゲームが台頭してくるといえるでしょう。アダプテーション・ゲームの概要は、第18・19章でもお伝えしていきま

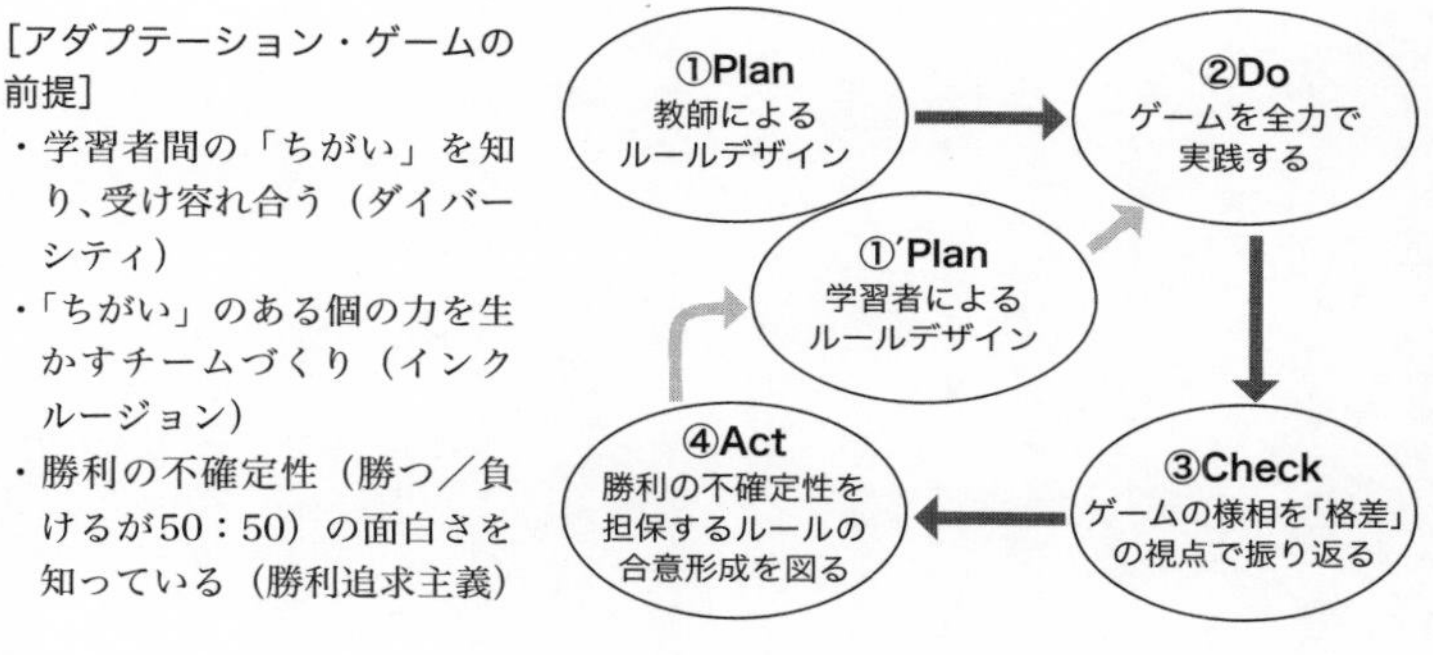
[アダプテーション・ゲームの前提]
・学習者間の「ちがい」を知り、受け容れ合う（ダイバーシティ）
・「ちがい」のある個の力を生かすチームづくり（インクルージョン）
・勝利の不確定性（勝つ／負けるが50：50）の面白さを知っている（勝利追求主義）
①Plan
教師による
ルールデザイン
②Do
ゲームを全力で
実践する
①′Plan
学習者による
ルールデザイン
③Check
ゲームの様相を「格差」
の視点で振り返る
④Act
勝利の不確定性を
担保するルールの
合意形成を図る

図17-1　アダプテーション・ゲームにおけるPDCAサイクル

すが、簡潔に述べれば、「勝利の不確定性」を保持するために対戦相手に応じてルールを変えられるゲームだといえます。ゲームで負けたチームが、自分たちのプレイをし易くしたり、相手のプレイを難しくしたりするルールを提案し、両チームで合意形成の上、全員が次のゲームに本気で取り組むという、自分たち向けに「適合（アダプテーション）」させるゲームということです。

アダプテーション・ゲームの特徴は、図17‐1に示すPDCAサイクルを実践することだと換言できます。

①において教師は、そのゲーム自体の本質的な面白さ（運動の特性）を味わわせるゲームデザインをし、学習者に提示します（Plan）。ゲームデザインにおいて重要なのは、少ない得点や時間で規制された簡潔に終了するゲームとする点です。なぜなら、チーム間格差は当然存在するものという前提に立ち、その格差を埋めるためのルール創出がアダプテーション・ゲームの特徴であり、本PDCAサイク

ルは何度も回す必要があるからです。なお、少ない得点や短時間でゲームが終了してしまうため、少人数でのチーム構成や運動の得意な学習者1人だけが活躍することのないコートサイズ設定もゲームデザインのポイントとなります。

②では、①のゲームを全ての学習者が全力で実践します（Do）。

③では、②のゲームにおいて、(a)「自チーム内の全員が、各自の全力を尽くせているか」を確認した上で、(b)「相手チームと自チームとの格差」の確認をします（Check）。これらの振り返りにおいては、(a)(b)いずれの確認においても「運動の特性を深く味わえているか」が焦点になります。

④では、対戦相手同士が「勝利の不確定性」を担保する（「勝つ／負ける」が50：50になる）ルールを、教師の与えた選択肢から選択、または主体的に協働創造し、合意形成を図ります（Act）。ここでは、ゲームに負けたチームに主導権が与えられます。

例えば、(a)の自チーム内の視点では、バスケット的なゲームにおいて、負けたチーム内に車椅子の学習者Aさんがいた場合、「Aさんの膝の上に載せたボールは〇秒間誰も取ることができない」という個別のルールを付け加えるといった具合です。おそらく、従来の固定ルールでは、ゲームにすら入れてもらえなかったAさんが「突破」の中心的な役割を担うでしょう。当該チームの戦術は、Aさんの突破からいかにシュートに繋ぐかという、障害のある学習者を中核に置いた内容にアップデートされるはずです。

また、(b)のチーム間格差の視点では、負けたチームの問題点が「シュートを打つ瞬間に焦って外しやすい情況」であったならば、「シュート姿勢に入った時は、守備側の学習者は2秒間プレッシャーをかけてはいけない」といったルールを提案し、次のゲームを行うといった形で進めます。ポイントは、自分たちのどこが問題なのかを明確にした上で、その解決に繋げられ、かつ技能向上に資するルールを提案するところにあります。

その後、学習者主体でデザインされた新たなルールに基づくゲームを①として、新たなPDCAサイクルがはじまります。

なお、③④の認知学習場面に時間をかけすぎない点も重要です。最初は、教師の与えた選択肢からの選択が望ましいでしょう。体育なので、やはり運動学習に時間をかけたいものです。

3●アダプテーション・ゲームの理念

アダプテーション・ゲームは、個人やチームによってちがったルールでのゲームを実践し、ルールを創造するというサイクルを繰り返します。そのサイクルを滞りなく回すためには、ダイバーシティ・インクルージョンという理念を教師と学習者で共有しておかなければなりません。

経営学におけるダイバーシティとは「多様性を尊重し、迎え入れる」という思想であり、同じくインクルージョンとは「その多様な個人の有する能力を最大限に発揮できるようにする組織改編」を意味しています。つまり、これからの体育では、性差、体力／運動格差、障害の有無等の「ちがい」を受け容れ合い（ダイバーシティ）、「ちがい」によって生じる個々の能力差を生かし合うチーム／学級づくり（インクルージョン）という理念を基盤とすべきだといえるのです。

加えて、体育におけるゲームなので、勝利追求主義という理念も不可避です。先述した通り、勝利を目的化すると（勝利至上主義）、不利益を被る学習者が生まれやすくなります。競争を手段として、各運動領域の特性に没頭させることが大切です。すなわち、勝利の不確定性（勝つ／負けるが50：50）の面白さを理解し、「いま―ここ」の局面の競争過程（例えば、「突破できるか／できないか」）に共に夢中になれるような関係デザインが求められるのです。ここでいう「共に」とは、突破での50：50の面白さを味わうためには、必ず相手が必要だという視点に立ち、対戦相手を互いにリスペクト（尊重）しつつ勝利に向けて全力で取り組むということを意味しています。つまり、勝利追求主義における教育的な競争とは、広い意味で対戦相手との協働になるといえるのです。

4●アダプテーション・ルールの具体例

これまで見てきた「理念」に基づいたアダプテーション・ゲームにおいて、ＰＤＣＡの「Act ④勝

表17-1　ゴール型のアダプテーション・ルールの例示

「ゴール」に関するアダプテーション例 ⑴ゴール（的）の大きさを大きく／小さくする ・バスケットボールのようなゲームであれば、負けたチームや特定の学習者だけは、リングに当たっただけで1点、入ったら○点のように得点方法や得点自体の価値を変える ・サッカーやハンドボールであれば、ゴールの隅にコーンを置いたりビブス等をぶら下げたりして、勝ったチーム内の高水準学習者だけは、それらを倒したり当てたりした場合のみゴールとする ⑵シュート可能エリアやプレッシャーの制限 ・格差の低水準の学習者に対しては、「シュート時のプレッシャーを○秒間だけは、してはならない」というフリーの時間を与える ・シュートが得意な学習者だけ、決まったエリア（例えば、距離が遠いエリア、本人が苦手な角度にあるエリア）からのシュートだけとする
「突破」に関するアダプテーション例 ⑴数的優位 ・もともと少人数のゲームにおいて、負けたチームの人数を○人増やしたり、タッチ（サイド）ラインの外側にフリーマンを配置したりできる ・勝ったチームの人数を○人減らす（試合への参加が減るため、不参加が生じないよう留意） ⑵エリア制限 ・負けたチームだけ、突破方向のエリアを広くしたり、自陣のエリアを狭めたりできる ・勝ったチームは、特定のエリアしか動けない者を置かなければならない

利の不確定性」を維持するためのアダプテーション・ルール（ゴール型）の具体例は表17‐1の通りです。

ご覧いただき、お気づきかと思います。これまでの体育科教育学の知見としてつくり上げられてきた「工夫されたゲーム」を選択肢とすればよいのです。本章では、ゴール型に限定しましたが、ベースボール型、ネット型といったボール運動／球技だけにとどまらず、競争を伴う全ての運動領域で、既に実践されている「工夫されたゲーム／競争」の手法が利活用可能です。

これまでの「工夫されたゲーム」との相違点は、問題情況に応じて学習者が選択し、片方のチームだけがハンディを伴う中で自分たちの「勝つ／負ける」の50：50を本気で楽しむ点にあるといえます。このような本気のゲームを何度も繰り返した結果として、技能やさらなる学びに向かう力を向上させるという点も特徴的だといえるでしょう。

あえて繰り返すならば、ルール上のハンディを課したり、緩和したりする際の留意点は、その運動領域の特性から外れないことです。

5●まとめにかえて

アダプテーション・ゲームによって、運動に関する全ての「ちがい」への対応が可能になります。

それは、全ての学習者に対する運動に関する権利の保障であり、格差受容という人間性の涵養に繋がると考えられます。また、ルールの選択場面では判断力、合意形成過程では表現力の育成が可能となります。さらに、自分たちで選択肢以外のルールを創造する場面や試行錯誤の過程では、より高次な思考力を発揮するでしょう。

アダプテーション・ゲームは、全ての学習者の「本気」を担保し、教育的な競争の瞬間を創造できると考えられます。

〈引用・参考文献〉

◎梅澤秋久（２０１６）体育における学び合いの理論と実践．大修館書店．
◎鈴木るりか（２０１８）14歳、明日の時間割．小学館．

梅澤秋久、矢邉洋和

第18章 「運動格差」を包摂するボール運動実践

――アダプテーション・ゲームの活用

本章では、「運動格差」を前提として受け容れ合うためのボール運動でのアダプテーション・ゲームについて紹介します。

1●アダプテッド・スポーツの理念を

アダプテッド（adapted）とは「適合させる」という意味です。そこから派生した「アダプテッド・スポーツ」は心身に障害をもつ人や高齢者・子ども等が参加・競技できるように、ルールや用具などを適合させたスポーツの総称です。

最近は減りましたが、筆者が子どもの頃は、競技スポーツに子どもを適応させるような授業が散見されました。競技スポーツを習っている子たちは、能動的にスポーツを深く学び、「スポーツ者」として育っていくでしょう。しかし、全ての子どもを対象とする学校体育において、競技スポーツに子どもを当てはめようとすれば、落ちこぼれたり、目立たないように「空気のような存在」になったりする子が生まれるのが当然の結末かもしれません。

ゆえに、学習指導要領においては「○○型ボール運動」のように、子どもに合わせたスポーツを通じて、各運動領域の特性を味わえるように改訂されてきているのです。つまり極言すれば、現在の体育は、アダプテッド・スポーツを教材に子どもたちが学んでいるといえるのです。

他方で、子どもたちの実態に合わせたボール運動を学級で採用しても、そのクラス内にも格差が存在するのが現実です。つまり、クラス内の中位程度の子どもの実態に合わせたルールを設定したとしても、運動／身体能力が低水準の子の一部は落ちこぼれ、高水準の子の一部は吹きこぼれ（落ちこぼれの反対）るのが実情だと考えられるのです。

そこで、多様な格差を包摂し、誰もがゲームに夢中になり、勝ちと負けが50：50の状況を保証するようなゲームが必要になります。それがアダプテーション（適合型）のゲームです。前章でも紹介しましたが、改めてその意義と方法について触れておきたいと思います。

す。

2●アダプテーション・ゲームとは

カレン・リチャードソン（２０１７）によれば、アダプテーション・ゲームの概要は以下の通りです。

アダプテーション・ゲームは、競い合うメンバーは変えず、各ゲームの後にゲームの条件を変更するような3点制から5点制の短いゲームです。ゲームの条件とは、スペース、得点、プレイヤーの人数、（その他の）ルールなどです。

アダプテーション・ゲームにおける教師は、条件を提示するゲーム・デザイナーです。アダプテーションのユニークな側面は、前のゲームで負けてしまったプレイヤーまたはチームが、次の短いゲームのために、教師から提供された条件を選択することによって、自分たちのプレイを易しくしたり、相手のプレイを難しくしたりするように決定することです。

変更するゲーム条件は、両チームにとってより適切な課題であり、より均等な競い合いとなるゲームを導きます。均等な競い合いとなるゲームは、誰もが勝つチャンスを有し、誰もがチームでプレイしたいと動機づけられます。そして、子どもたちの豊かな学びにとって必要な技能と意思決定能力を成長させることができます。

換言すれば、アダプテーション・ゲームとは、格差のある個または集団同士が、教師によって用意

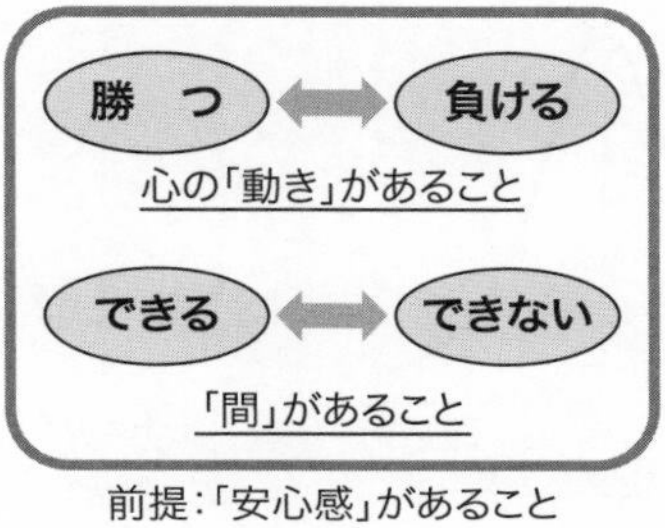

図18-1　遊びの3条件（西村1990を参考に作成）

された「アダプテーション（ハンディ）・ルール」を選択することで「勝利の不確定性」を合意し、その運動領域の特性（＝本質的な面白さ）から離れることなく、互いに本気を出して競争できるゲームだといえます。

この「勝利の不確定性」は、「遊びの3条件」の一部です。松田（２００８）は、西村（１９９０）に倣い、プレイ（遊び）の前提には「安心感があること」を掲げ、「できる」と「できない」の間、「勝つ」と「負ける」の間に存在する「心の動き」を楽しむことが重要だと述べています（図18‐1）。また、脳科学者の茂木健一郎（２０１２）は、「今の自分がやっとできるくらい」の課題をクリアした時に、脳の中で快楽を感じる伝達物質である『ドーパミン』が最も多く出る」と述べています（図18‐2）。つまり、「勝つ」と「負ける」がわからない（50：50）くらいの条件が、最も没頭し夢中になれるということが脳科学的にも明らかになってきているのです。

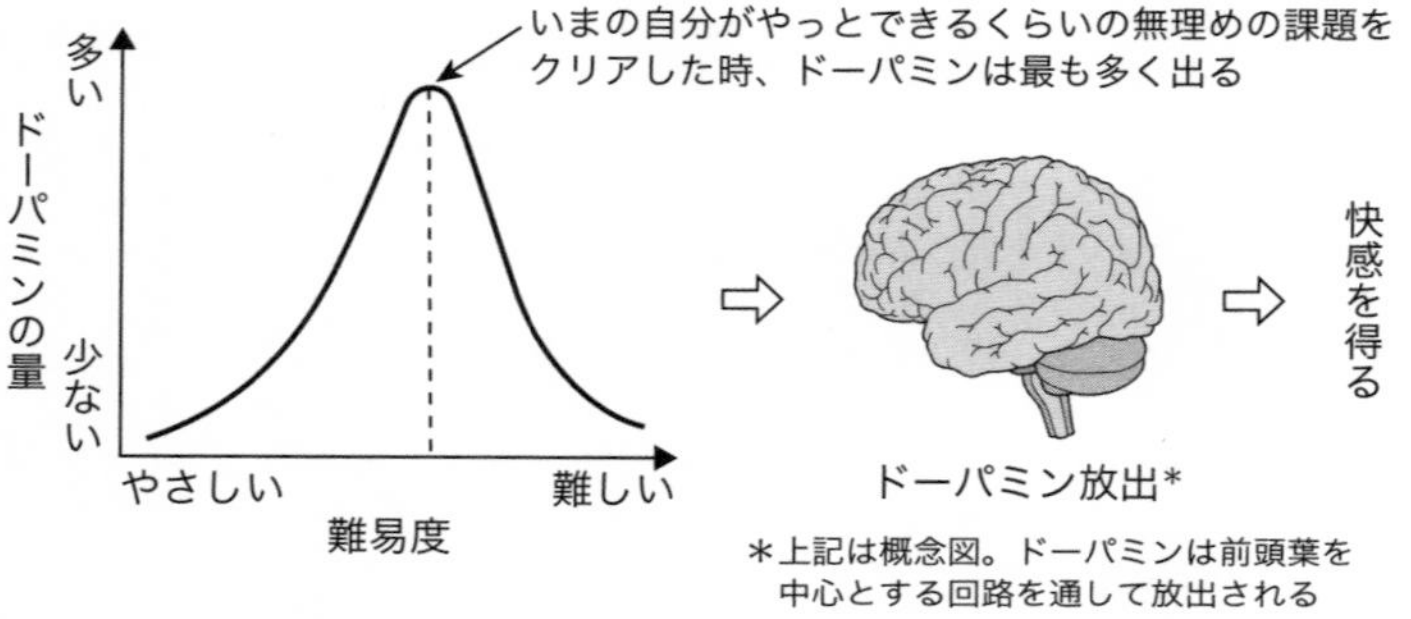

＊上記は概念図。ドーパミンは前頭葉を
中心とする回路を通して放出される

図18-2　課題の難易度とドーパミンの放出量

総じてアダプテーション・ゲームは、格差のある学習者に対し、全員が白熱できるゲームを保証し、「学びに向かう力」を生み出しやすい学習方略だと考えられます。

3 実践の概要

矢邉教諭は「一人ひとりの運動経験や運動能力、個性のちがいを受け容れ、『誰とでも』スポーツを楽しむ資質・能力を育成する」というビジョンを描いています。ボール運動では「誰とでも『仲よく』をさらに超え、誰とでも『白熱したゲームを協働的に創造し、没頭できる』授業を実現していく」とコンセプトを述べていました。

本実践は、ネット型ボール運動である「フロアボール」を活用したアダプテーション・ゲームです。本学級の「フロアボール」のコートは、バドミントンコートを一回り小さくしたサイズで、四隅にはコーンを置き、真ん中に約1ｍの高さでロープ（ネットの代わりの境界）を張っています。

ボールは、適度に弾みながらも、当たっても痛くないモノを使用します。原則、２人対２人で対戦し、ゲームセンターにあるエアーホッケーのようにボールを打ち合い、相手コートのエンドラインをボールが通過すればポイントとなります。

左右へのダイナミックな動きや力強いボールの送り出しは単元途中から見られるようになりましたが、前後の動きが乏しいという反省が生じました。そこで、相手に打たれたボールをキャッチし、ロープネットの上を投げて通過させ、テニスのように２バウンドさせてもポイントとなるように基本ルールを修正しながら単元を進めていきました。

なお、本実践の特徴は、「誰とでも」と「格差に対するアダプテーション・ルールの利活用」であることから、毎時間ペアときょうだいペアをトランプで決めていました。例えば、７の赤色同士（♥と♦）がペア、７の黒色同士（♠と♣）がきょうだいペアとなり、練習ゲームで互いに高め合ったり、対戦相手とのゲームではアドバイスし合ったりするのです。

4 本時の実際

運動が得意ではないマリミが本時で引いたトランプは、欠席のためペアがいない番号と色でした。

矢邉教諭はきょうだいチームからの追加はさせず、あえて、1人対2人でゲームに臨ませました。

相手コートには、リレーの選手のノゾカとケイミが待ち構えています。きょうだいペアの応援むなしく、マリミはどんどん失点を重ねていきます。しかし、いつものマリミと決定的にちがったのは、任せる仲間がいない点です。とかく突っ立っていることが多いマリミですが、本時では、横っ跳びでボールに食らいついていました（写真18－1）。

結果的に、1人で6mもの幅を網羅できるわけもなく、あっという間に5点を奪われ、相手チームとのアダプテーション・ルールの話し合いになりました。

ノゾカは、話し合いをする前に、マリミ側のコーンを自ら内側に移動させます（写真18－2）。「だって、マリミが1人で同じコート（の幅）じゃ、ずるいじゃん」。ノゾカは話し合いの冒頭でそう語りました。矢邉級の子どもたちには、勝ち／負けの50：50を楽しむという「プレイの条件」が根づいているのです。

加えて、次のようなアダプテーション・ルールの合意形成がなされました。

・ノゾカたちのチームは、ロープネット上からボール落とす「バウンドポイント」は使えない。
・ノゾカたちのチームでは、ボールを相手コートに打ったプレイヤーは、自コートの後方にあるコーン2つをタッチしないと、次のプレイに参加できない。

このようなアダプテーション・ルールが加えられると、ノゾカたちのコートには、隙間が生まれや

写真18-2　相手コートを自ら狭くするノゾカ

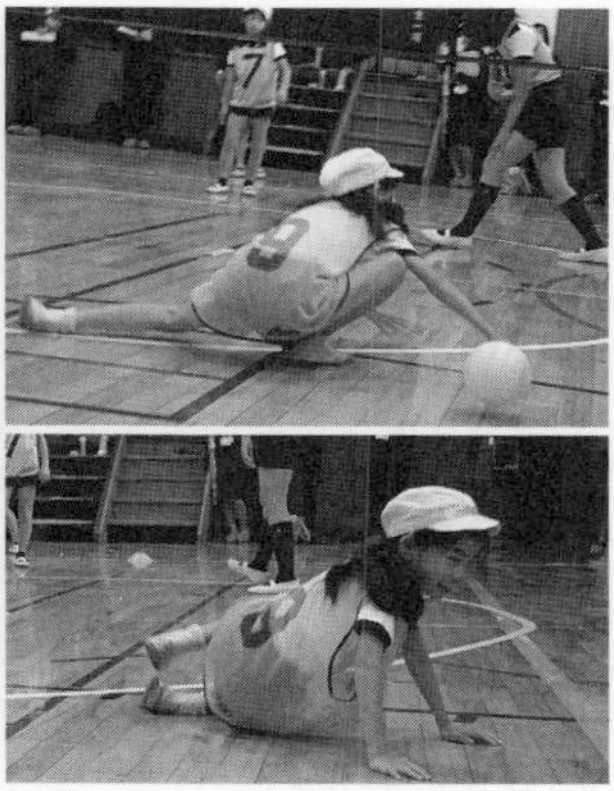

写真18-1　横っ跳びのマリミ

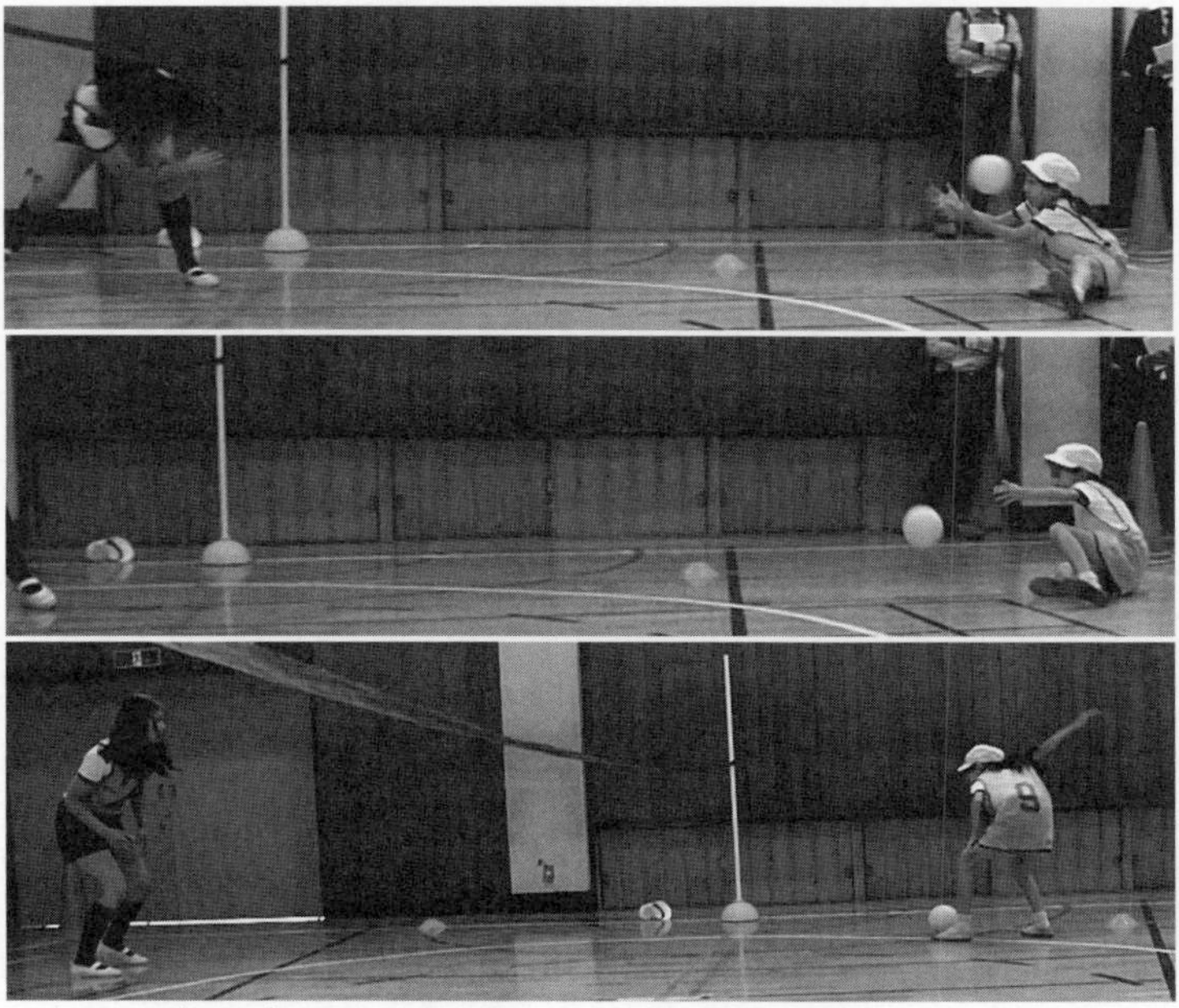

写真18-3　顔面ブロックから攻撃へ――白熱の攻防の様子

すくなります。

つまり、マリミは、何とかボールを止めて（ゴールを防いで）、空いているスペースを見つけ出し、そこにボールを送り出すというネット型ボール運動の特性を味わいやすくなったのです。

一方、マリミ側のコートは狭くなったため、ノゾカたちのチームには、正確で速いボール操作が求められるようになりました。また、ベースラインのコーンをタッチするという規制がかかっているため、より多く動く必然が埋め込まれています。吹きこぼれている暇はないのです。

写真18‐3に示すように、ノゾカ（左）は狭いコートに向かって速いボールを打ち出します。マリミ（右）は顔面でそのボールをブロックし、すぐさま立ち上がって攻撃に移ります。ノゾカは、後方のコーンにタッチし、急いで元のスペースを埋めるという白熱の攻防の様相です。

5●まとめにかえて

ノゾカは振り返りに「アダプテーションもりもりだったけど、楽しかった」と記し、一方マリミは「はじめは諦めていたけど、たくさんのアダプテーションをつけてもらったので、とても楽しむことができました」と述べています。

本実践は、アダプテーション・ゲームを採用したことで、格差のある相手との間に勝利の不確定性を生みだしています。また、主体的・対話的に、私たちのゲームを創造し、ネット型ボール運動の特性を深く味わっている姿を認めることができました。

〈引用・参考文献〉

◎カレン・リチャードソン（2017）「アダプテーション・ゲームによる戦術の指導」、鈴木直樹他編、子どもの未来を創造する体育の主体的・対話的で深い学び．創文企画．
◎松田恵示（2008）「運動遊びの社会学」．体育の科学58（5）：326-330．
◎西村清和（1990）遊びの現象学．勁草書房．
◎茂木健一郎（2012）挑戦する脳．集英社．

第19章 中学校体育でのアダプテーション・ゲーム
――チーム全員が活躍するために

村瀬浩二、西脇公孝

1 はじめに

中学校の体育において、男女共習は行われているでしょうか。なかなか難しいと感じる先生は多いでしょう。一方で、男女共習は当然という先生もいらっしゃいます。また、同種目を同時間で実施するものの、男女分かれて実施する「男女共習の中の別習」もあります。さらに、種目により共習と別習が変わる場合もあります。

ところで、1998年の学習指導要領改訂から男女共習が可能となり、さらに約20年後の2017

年告示の学習指導要領では「共生の視点」が強調され、男女共習は当然求められています。では、なぜ中学校体育において男女共習が敬遠されるのでしょうか。

その最大の原因は、発達に伴う体力差、技能差の拡大でしょう。また、思春期には異性への意識も強くなります。中学校の先生方は、これらの要因を男女共習への壁と捉えています。特に球技の男女共習には、強い抵抗がありそうです。

球技では、運動の苦手な生徒にボールが回らず（回さず）、運動の得意な生徒だけでゲームを進めてしまう場面が見受けられます。小学校ではこのような場面になるともめごとが起きますが、中学校になるとお互いに主張をせず、得意な生徒たちだけでゲームが進み、苦手な子たちはゲームの中で埋没します。私はこのような状態を、「静かな排除」と呼んでいます。

そこで今回は、男女共習でのバスケットボールでアダプテーション・ゲームを用いることで、この「静かな排除」を取り除くことに挑んだ事例を紹介します。

2●アダプテーション・ゲームとは

アダプテーション・ゲームの「アダプテーション」は「調整」を意味し、2～3分のミニゲームを実施後、負けたチームが勝ったチームに対してルール等の調整を要求するゲームです（Richardson,

2013)。例えば、相手チームの人数を減らす、自コートを狭くするなどです。この調整によって、お互いの能力が均等（または逆転）になり、両チームとも全力を出せることがこのゲームのねらいです。つまり、生徒が自ら「差」を調整して、対等にゲームを楽しもうとする試みです。

3 実践記録：アダプテーションの導入

対象クラスは中学校1年生で、これまでも男女共習で実践されていました。このクラスは、バスケットボール部所属の生徒数名と、男女問わず運動の苦手な生徒が混在するごく一般的な状況です。バスケットボール単元は、10時間で実施され、単元はじめの時間には、教師が「チーム全員が活躍できるゲームにしよう」という目標を生徒たちに伝えました。それから、序盤は技能習得中心の学習と試しのゲームに充てられました。そして、5時間目にアダプテーション・ゲームが導入されました。

5時間目のアダプテーション・ゲームの導入では、教師によってアダプテーションが提示されました。提示されたアダプテーションは、①ドリブルは1回のみ、②特定の選手が使えるフリーシュートゾーンを配置、③リングに当たれば得点、の3つでした。前半のゲームで負けたチームは、これらアダプテーションから1つを選んで後半のゲームに臨みます。この時間は、アダプテーションの導入ですから生徒たちも要領を得ず、やや混乱がありました。

続く6時間目も同様に、先述の3つのルールと、生徒から出された④ドリブルなしを加えた4つの条件から複数選択できることとしました。すると、「リングにあたれば得点」を選んだチームはなく、1ドリブルのみやドリブルなし、フリーシュートゾーンを選んでいました。生徒たちは前時の経験から「リングに当たれば得点」を、アダプテーションの「しすぎ」と捉えたのでしょう。これでゲームを行ったところ、どのゲームも接戦へと変化しました。

4●アダプテーション・ゲームによる学び

この時間の振り返りでは「ドリブルなし」を選択されたチームの生徒から「みんながパスをもらおうと動くようになった」といった発言がありました。同様に学習カードにも「ドリブルなしのアダプテーションを要求されて、自分たちのチームが動いていないことがわかった」という記述がありました。これは、アダプテーションを課されたチームの生徒にも戦術的な学びがあったことを示しています。単元当初からドリブルなしのゲームをするより、このように途中から導入することで、より効果的に生徒にスペースへの動きを意識させられます。アダプテーション・ゲームはその内容によって、全員参加を促すだけでなく、アダプテーションを課されたチームにも戦術的な学びが生まれることを示しています。

同様の学びはフリーシュート選手に対しても起きます。それは、「最後にはフリーシュートマンにボールが回るので、その前にパスカットに行った」といった記述です。これはアダプテーションによってディフェンスを焦点化したことを現しています。

一方、これまであまり参加できなかった生徒による「バスケ部の子ばかり得点していたのが、目立たなくなった」「フリーシュートマンになったらボールがよく回ってきた」という発言や記述があり、バスケ部以外の生徒の参加機会が増加していたことがわかります。

5●アダプテーションへの抵抗

一方で、この5、6時間目の終了後の学習カードの中に、「リングに当たれば得点やフリーシュートゾーンはチートすぎる」という記述がありました。常に全員平等なルールでゲームを行ってきた生徒にとって、このアダプテーションは受け容れづらい仕組みであったのでしょう。また、「1ドリブルに制限されたらとてもやりづらい」といった記述もありました。これらの意見は、技能的に中間層の生徒によるもので、彼らにとってアダプテーションはかなり高い障害であり、ストレスを感じていたようです。

次の時間からは、さらに個人的なアダプテーションを行うことで、全員が参加できるゲームを目指

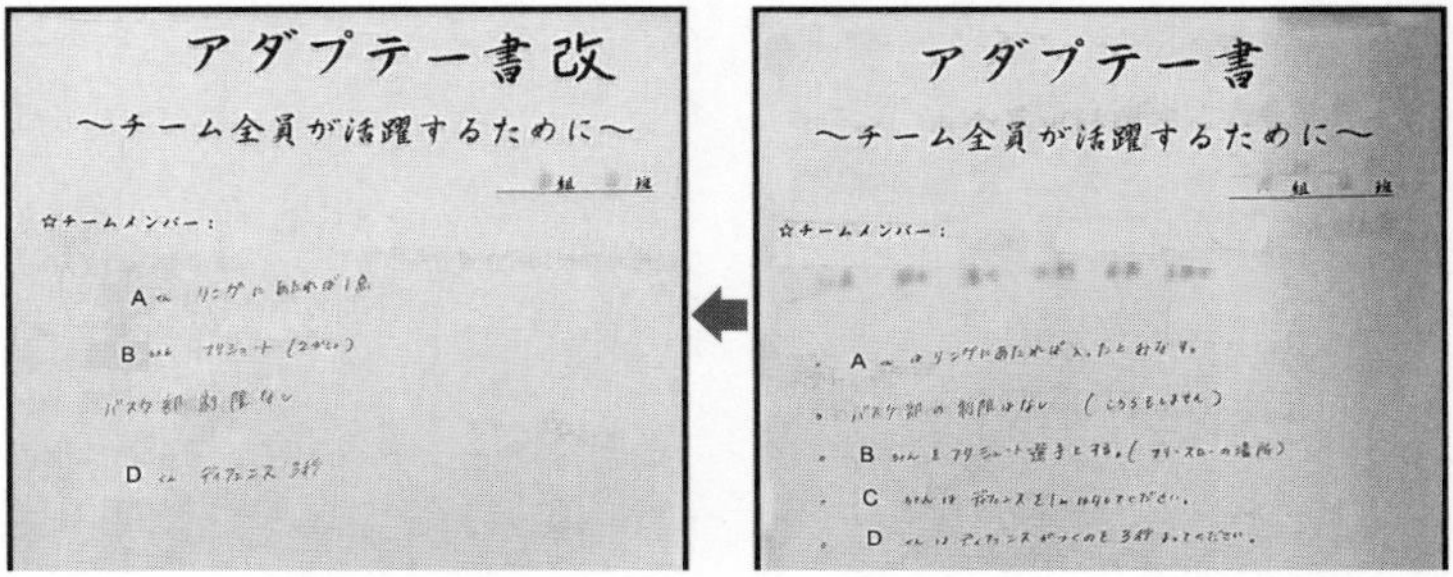

図19-1　アダプテー書

しました。

6●アダプテーションの個人化

7時間目からは、アダプテーションをさらに細分化し、個人向けのアダプテーションを意図して、生徒たちは各チームで「アダプテー書」を作成しました（図19‐1）。例えば「○○さんには1m離れてディフェンスしてください」というものです。この「アダプテー書」作成前に、例としていくつかアダプテーションが教師から示されています。それは「1m離れる」や「3秒ディフェンスにつかない」などです。生徒たちは、教師に示された案を基に「アダプテー書」を作成し、相手チームと交換し、ゲームに臨みました。これによって、チーム全員が、メンバーの能力を考え、また相手チームのメンバーのことも理解する機会となります。

しかし、これで実際にゲームを行うとやはり問題が出てきます。例えば、「1m離れるのはチート過ぎる」「せこい」といった意見です。そこで教師は「どうしたらいい？」と問いかけ、生徒の提案により1m離れるのは3秒間と修正されました。このような問題と修正を繰り返しつつ、「アダプテー書」は書き直されます。

この繰り返しの中で、生徒たちは徐々に「全員が活躍できるゲーム」とは何かを考えるようになります。導入時には、自チームを有利にするために用いられていたアダプテーションは、ゲームを面白くするため、全員が活躍できるために用いるよう変化していきました。またこの頃には、生徒たちは自分たちでアダプテーションへの抵抗を解決できるようになりました。ただしそこには、教師の問いかけが大きな役割を果たしています。

単元を通じて振り返ってみると、技能的に下位層の生徒たちにボールが回りシュート機会が生まれ、「静かな排除」は消えていました。また、技能の高い生徒たちは、アダプテーションを受け容れ、自分のできることを模索し、プレイに集中していました。

ここで最も強い抵抗を示した生徒の記述の変容を見てみましょう。

導入時には「アダプテーションを一度みんなで話し合いたい。リングに当たれば得点やフリーシュートゾーンはチートすぎる」と記述していました。さらに第7時や第8時ではアダプテー書について「魔導書が完成した」、「魔導書の魔法が少なかったので、攻撃能力が低かった」などと皮肉った記述をしていました。しかし、第10時には「4位だったけどみんなが楽しめた」という感想に変化しています。

この生徒は当初、アダプテーションに対して抵抗感をもっていました。その認識を徐々に変えた要因は、「全員が活躍できる」という目標と教師の問いかけでしょう。生徒は単元を通して、この目標を徐々に内面化し、全員で楽しむことへの価値を理解していきました。

このような「全員が活躍できるゲームづくり」の考え方が、生涯スポーツ場面において誰もが参加できるスポーツ場面をつくる資質となるでしょう。

7●まとめ

アダプテーション・ゲームの導入には必ず抵抗があります。それは、人が誰でも求めようとする「優越性の追求」によるものです。しかし、この優越性を追求してはいけないという指導は難しいことです。Adler（1930）によれば優越性を追求する傾向は誰にでも存在し、その対となる劣等感は優越性を得ようと努力する活力となります。ですから劣等感を克服しようと優越感を追求する構図は体育場面では起きうるものです。

むしろ、ここで問題となるのは周囲に対する配慮や帰属意識である「共同体感覚」です。優越性を追求しようとする者でも追求しようとしない者でも、共同体感覚の低い者は何らかの問題をもちます。例えば、優越性を追求しようとする者には勝敗への過度のこだわりが起き、排他的な行動や発言をするでしょう。逆に優越性を追求しようとしない者は、失敗することを嫌い、他者と協力して行動しようとしないため孤立し、体育嫌いとなります。

「全員が活躍できるゲームをつくる」アダプテーション・ゲームは、自分だけでなくチームメイトやクラスメイトの能力やプレイ参加に着目させる機会となり、共同体感覚を育みます。ここで育まれた共同体感覚は体育以外の様々な場面で役立つでしょう。

〈引用・参考文献〉

◎Adler, A. (1930) Education of Children. Gateway.
◎Richardson. K. P. (2013) Modification by adaptation. In Ovens, A. Complexity Thinking in Physical Education. Routledge.

第4部

【実践編③】

異年齢・不登校生徒・外国にルーツのある子どもとの共生

村瀬浩二

第20章 複式学級に見る異年齢の共生体育

本章は、異学年が同じ場で運動する複式学級に着目し、異年齢の共生体育について検討してみます。

私の勤務校のある和歌山県という地域柄、複式学級を有する小学校が存在します。このような学校の先生方によれば、複式学級では「1人学び」、つまり子どもたちだけで学習を進める主体的学習に力を入れる学校が多くあります。これは、複式特有の授業形態である、「わたり」のためです。「わたり」は、先生が片方の学年を指導する際に、もう一方の学年の子どもたちに課題を与えて自主学習を促すスタイルです。このため複式学級をもつ学校は、子どもたちに自ら授業を進める力を身につけることを重視し、指導しています。

では、体育はどうでしょうか。複式学級の体育は、異学年合同で実施する場合がほとんどですが、それでも人数の少なさゆえに、長所と短所があるようです。

1 小規模校の体育

小規模校の体育で行われる種目は、器械運動や縄跳び、一輪車といった個人種目を多く見受けます。特に、運動会に向けた練習は、例年同じ種目を行うことで、「教える文化」を育みます。例えば、全校児童15名のA小学校では、毎年の運動会で一輪車を行います。この運動会の練習では、低学年～高学年それぞれ1～2名の縦割り班が作成されます。その縦割り班の中では、高学年の子どもは低学年を教えながらより高度な技を目指します。中学年の子どもは、昨年より高度な技にチャレンジしながら、高学年の子どもが低学年に教える姿を学びます。こうしてできあがった演技は、毎年の運動会で地域の皆さんの前で披露されます。小規模校のある地域は、小さなコミュニティで成り立っているので、学校を中心とした行事を大切にします。ですから、運動会は多くの地域の方の参加によって、地域ぐるみの祭りとなります。そのような中で子どもたちは大人たちに見守られて演技を行います。この地域と一体化した活動が、運動会の取り組みを地域文化として根付かせます。こうした一連の過程は、小規模校における地域や学校ぐるみの「カリキュラム・マネジメント」と捉えられます。

一方、小規模校の先生方とお話しすると、社会性の発達を心配する声が多く聞かれます。それは、人数の少なさに起因します。人数の少なさゆえ、ボール運動などの集団種目が満足に行えないのです。これを解決するために、多くの小規模校では低学年〜高学年合同の全校体育や、中学年・高学年での合同体育を行っています。異学年合同の体育は、学校全体の取り組みとして行える反面、発達段階のちがいによる体力差や、ルールや作戦などの認識差が大きいという短所があります。そのため、高学年の子どもたちは年下の子どもたちに合わせて運動することになり、思い切り運動できない欲求不満を常に抱えています。

また、同学年の少なさは、自分と競う相手、いわゆるライバル関係の子どもを見つけづらくなることを意味します。これは、競い合いや勝敗を悔しがる体験をしづらくし、勝つためにルールを破ったり、ごまかしたりするなど、「もめごと」を体験する機会も少なくなります。小規模校の先生方の危惧される社会性の未発達は、このような「競い合い」や「もめごと」体験の少なさを指すのでしょう。

2●複式学級の観察事例

ここからは、ある小学校の複式学級の観察事例を紹介します。この小学校には、通常級の他に、1学級15名（各学年7〜8名）の複式学級があります。この複式学級は1・2年生、3・4年生、5・

写真20-1　3人チーム対4人チームのハンドボール

6年生の3学級あります。今回は5・6年生学級の事例を紹介します。

まずは、ハンドボール単元での事例を紹介します。このハンドボールは1チーム4人で行うゲームでした。しかし、この学級は15人なので、4人チームが3つと、3人チームが1つというチーム構成となります。

単式学級の子どもたちは、このように人数差のある状況でゲームをはじめられるでしょうか。このままはじめることは、なかなか難しいのではないでしょうか。このような場合、他のチームから1人借りるなどして、人数を合わせてゲームをすることになるでしょう。そうでなければ、子どもたちは不公平さを感じてしまいます。

しかし、この複式学級の子どもは、そのままゲームをはじめます（写真20－1）。人数の不平等さは仕方のないことと割り切っているのです。ただし、この単元では、人数の少ないチームはハンディキャップを要求しました。

それは、「ゲームをはじめる時のボールを、マイボールにしてくれればいいよ」という程度のハンディキャップです。この提案は、単元1時間目の学級全員での話し合いの中で出され、全員がそれを了承してゲームに進みました。ゲームがはじまると、3人チームは比較的運動の得意な子たちで組まれていたため、人数差にもかかわらず苦戦しませんでした。

しかし、この単元の5時間目に、マンツーマンディフェンスが学習されました。そうなると、さすがに人数に不利のある3人チームは、パスの失敗が増え、ゲームの難しさを感じました。その後の話し合いで、3人チームの子どもは「ダブルチーム（1人のプレイヤーに2人のディフェンスが付くこと）をやめてほしい」と述べ、他の子たちはこの提案を了承しました。教師は、このような子どもたちの決めるルールやハンディキャップを明文化し、全員の共通理解としていきます。

同様のできごとは、ティーボールの単元でもありました。ティーボールでも1チームの人数は、3人チーム1つと4人チーム3つになります。この人数差でも、子どもたちは特に人数を調整することなくはじめます。そして、人数差による不都合があれば、ルールの調整を行います。

そんな中、単元の中盤に判定で「もめごと」が起こりました。微妙な判定の時に、じゃんけんを用いて決めたことが原因です。ゲーム後の全体での話し合いで、ある子が「判定ですぐに『じゃんけん、じゃんけん』っていう。こっちの方が早かったのに」と不満を漏らしました。これは、人数の多い単式学級であれば、審判を置くことで解決可能です。ところが、複式学級ではそうはいきません。子どもたち同士でセルフジャッジをするしかありません。しかし、誰の判断を優先するか、なかなか答えが出ません。どちらのチームが判断をしても、公平な判断をしづらいためでしょう。

結局、この件は、単元の終わりまで解決されませんでした。ただし、この話し合いの後、本当に微妙な判定以外で「じゃんけん」という声はなくなりました。

このような複式学級のボール運動でのできごとの根本には、何があるのでしょうか。私は、それを「みんなで楽しむ雰囲気」と考えています。複式学級には、「学年差」が存在します。この学年差は、「技能差」や「体力差」を生み出します。このような「差」の存在は、子どもたちに勝敗へのこだわりの無意味さを感じさせているのでしょう。複式学級の子どもたちは、自分のチームの勝敗よりも、みんなで楽しめるゲームにすることを優先します。また、そのためにはどうしたらよいかみんなで考えます。このような雰囲気は、単式学級においても必要なのではないでしょうか。

ところで、単式学級のボール運動単元では、共有課題に取り組む中で徐々に盛り上がってきた子どもたちが、最後にリーグ戦を開くことで勝敗へのこだわりをもち、一気に険悪な雰囲気になった事例をいくつか見てきました。これは、勝敗や順位にこだわりをもたせた結果、子どもたちの中に芽生えた「楽しむ雰囲気」を消してしまう一例です。

この「みんなで楽しむ雰囲気」は、先に紹介した小規模校のボール運動で見られます。中でも6学年合同で行う全校体育のように学年差が大きくなるほど、この雰囲気は強くなり、低学年の子どもたちが楽しむために高学年の子どもたちは配慮します。

3 まとめ

以上の「みんなで楽しむ雰囲気」は、アダプテーション・ゲーム（Richardson, 2013）として提案されています（第3部を参照）。このゲームは、体育授業におけるゲームの目的を「よい勝負」になることとします。そして、ゲームで負けたチームが、勝ったチームに対してハンディキャップ（ルールやコートの広さ、相手の人数）を要求できるゲームです。この目的を達成するため、ハンディキャップを考え、それを発展させることが、思考力・判断力・表現力の向上に繋がります。例えば、単元当初には人数のハンディキャップを求めていたチームが、単元の後半にはコートの広さやボールタッチ数の制限など、よりゲームの本質を理解したハンディを考えられるようになることです。また、勝敗を生む「差」を埋めようとする努力により、ゲームに参加するプレイヤー全員が楽しむことに焦点化されます。

複式学級の体育は、このアダプテーション・ゲームを自然と実践しています。これは、異年齢の子どもたちが鬼ごっこで遊ぶ時に、低年齢の子どもが捕まっても鬼にならないルール（みそっかす、ごまめ、まめ等）と同じ考え方です。この考え方は、昔の子どもが異年齢集団で遊んでいた時代には、自然と存在していました。ところが、いまの大学生に尋ねると、彼らはこのルールを知りませんし、その必要性も理解できませんでした。つまり、現代の子どもは異年齢での遊びをほとんど体験していないのです。だからこそ、現代ではこのような雰囲気を学ぶ必要があるのではないでしょうか。

この「みんなで楽しむ雰囲気」は、成人後の生涯スポーツ実践において必要な能力となります。なぜなら生涯スポーツ場面では、様々な体力、年齢、性別が集まり、スポーツを楽しもうとするからです。そのような場面で、いかに楽しむかを考えることこそ、生涯スポーツの実践に必要な能力といえるでしょう。

〈引用・参考文献〉

◎Richardson, K. P. (2013) Modification by adaptation. In Ovens, A. Complexity Thinking in Physical Education. Routledge.

濱地　優

第21章　6年生と1年生が共に体育を学ぶ

――どっちが早い？ペアで楽しむ「スマイルキャッチ」ボール鬼

本書の序章及び第1部で述べた通り、２０１７年告示の学習指導要領では、資質・能力の育成が目指され、多様性を包摂する「共生体育」の授業実践が求められています。一方、これまでの学校教育は、同質性の高い学級の中で、出来合いの答えを一斉に勉強させるシステムで運営されています（苫野２０１９）。体育授業でも、知識・技能の伝達のみを目的とした実践が散見されます。

そこで、共生理念のさらなる追究を目指し、学校内で一番の年齢差のある6年生と1年生が、合同で行う体育授業をカリキュラムに加え実践しました。本章は、６・1年生という異年齢でペアを組んで行った、ゲーム領域の実践（ボール運動ベースボール型）を紹介します。

1 授業の構想にあたって

(1) 動き出す「からだ」の探究：「間《ま》づくり」

体育授業では、子どもがその運動固有の楽しさを味わい、自然と「からだ」が動き出す授業を目指しています。運動の楽しさは、できるかできないか、勝つか負けるか、日常と非日常などの「間」に顕在化すると考えています。また、受容的・共感的な関係も運動の楽しさを味わうために重要でしょう。一緒に運動を行う仲間の存在が、楽しさを増幅させていきます。そこで、本校体育部では「動き出す『からだ』の探究」をテーマに掲げ、筆者は「間づくり」に視点を当てて授業を構想しています。

(2) ベースボール型固有の楽しさ

加納ら（2018）は、ベースボール型運動を、走者とボールのどちらが早くベース（目的地）に到着するのかを競う集団的鬼ごっこと捉えています。そこで筆者は、ベースボール型固有の楽しさを、ホーム（目的地）に、ボールが着くのが早いか、走者が着くのが早いかの攻防の間にあると考えました。子どもにゲームを伝える際、楽しさの本質により迫れるように、既存の種目名ではなく、「ボール鬼」として伝えていきました。ベースボール型には、思い切り打ったり、どこにボールを送り出すのか判断したりする楽しさも含まれるでしょう。ボールを送り出す楽しさを1次的攻防とするならば、ベースをめぐる攻防は2次的攻防として位置づけられます（鈴木ら2003）。

2●授業づくりの視点

(1)運動の楽しさに迫るシンプルなテーマと課題の設定

一方的な知識・技能の伝達では、全ての子の学びを保障することは難しいでしょう。6・1年生合同の体育ではなおさらです。そこで、筆者は、探究的な学びを目指し、単元や本時を貫くテーマを設定しています。また、テーマには、その運動固有の楽しさが含まれるようにします。本単元では、運動の楽しさを、ベースをめぐる攻防と捉えているので、テーマを「どっちが早い？」とシンプルな言葉にして設定しました。また、攻防の楽しさに迫るため、攻撃側は、「どこに、どのようにボールを送り出したらいいか」が課題となると考えました。

(2)単元計画とルールの工夫

まず、ベースボール型のゲーム理解を促すため、石塚（2013）の実践を参考に、簡易的な遊び（「六ムシ」）から単元の導入を図りました。2時間目からは、6・1年生合同のグループごとに、六ムシのルールを発展させて楽しみ、第2次の「ボール鬼」につなげていきました（表21‐1）。

表21-1　単元計画

	第1次			第2次			
時数	1	2	3	4	5	6	7
活動	「六ムシ」で遊ぼう ルールを加えながら、六ムシで遊ぼう			どっちが早い？　ペアで楽しむ「スマイルキャッチ」ボール鬼 どこに、どのようにボールを送り出したらよいだろう？			

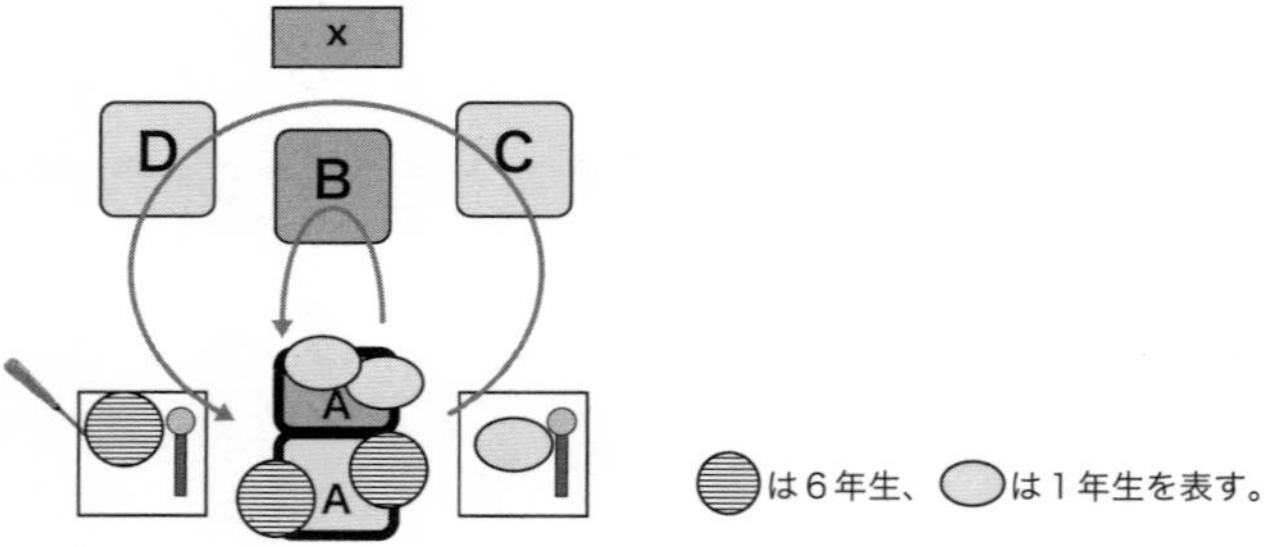

図21-1　コート図

表21-2　第2次からの主なルール

ボールの送り出し	走　　塁	守　　り
・打つ道具を選択し、ティーを使って打つか、もしくは投げる。 ・ペアグループの1年生と2人で（もしくは3人）同時にボールを送り出す。 ・前方（180度）であれば、どこに送り出してもよい。	・1年生はベースBを経由し、6年生はベースCDを経由しホームAに戻ってきたら1点。 ・1回の送り出しで、全員が進塁機会を得る。 ・ボールと守備側全員がXに入るまで進塁することができる。残塁は無し。	・全てのボールと守備側全員がベースXに入り、進塁を阻止できる。

写真21-1　ティースタンド

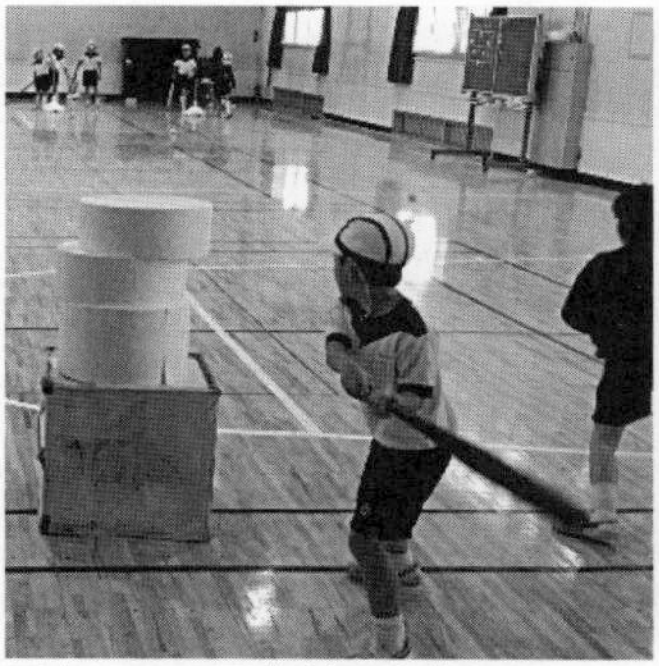

写真21-2　巨大だるま落とし

第2次からのゲームでは、第1次までのルールを組み合わせて行いました。コート図や主なルールは、図21‐1及び表21‐2に示す通りです。

(3) 道具の工夫

どのような用具でも打撃を行えるティースタンド（写真21‐1）を用意しました。さらに、打撃に繋がる身体動作が現れるよう、巨大だるま落としを使い、用具操作自体が楽しい活動となるようにしました（写真21‐2）。ボールは、弾性があり当たっても痛くないこと、低学年児童でも扱いやすいことを条件に、テニス練習用キッズ専用スポンジボール2（YONEX）を用いました。

3 ゲームの様相の変化：6年生の感想から

統一ルールで行った第4時では、ボールをただ送り出す姿が多く見られました。しかし、Mさんが、「ペアと協力でき、さらに楽しめる一挙両得なゲームでした。逆方向に打つなどの作戦をペアとたてました」と振り返りに書いたように、次第に、左右へボールを散らす送り出し方に気づいていきます。ボール2個を同時に送り出すルールにより、1年生と6年生で送り出す方向を確認する会話が増えていきます。また、6年生は1年生が送り出す方向を見てから、ちがう方向にやや遅れて送り出す姿も見られました。1年生の動きに合わせながら運動に取り組んでいる様子がわかります。

第5時、Aさんは、

> ボールを遠くに飛ばせる人だからこそ、近くに飛ばしたりして、少しでも点数を稼げるように工夫した。

と振り返りに書いています。相手守備側チームの対策に対して、攻撃側がさらなる対策を立てて臨んでいることがわかります。次時には、相手に応じた動きのよさとして全体に共有していきました。第6時後の振り返りにRさんは、

> 守りが遠くにいるのを見計らって、攻めの人が、わざと近くに送り出しているのがいいと思った。また、何回も繰り返して、守りが作戦だと気づいてだんだん近くに来たら、逆に思いきり遠くに送ればいいと思う。

と記述しています。Aさんの見方を活用しながら、Rさんには、攻撃側と守備側との駆け引きが生まれていることがわかります。６・１年生合同のゲームにおいても、ボールをどこに、どのように送り出したらいいのかという課題に向け、探究的に活動している姿が表出されているといえるでしょう。

4 1年生との関わりによる児童の変容：「人間性の涵養」の視点から

第6時のゲームで、白チームの1年生が涙を流していました。相手チームとの人数差で不利を感じていたようです。白チームの6年生Yさんは、泣いている1年生をなだめながら、相手チームとルール変更の交渉を行っていきます。Yさんは、相手チームから人を借り人数を同数にすることを提案して、合意形成を図っていきます。単元後の振り返りにYさんは、

> ペア体育は、１年生に気遣いながら活動する体育だったので、６年生の私としては、１年生が楽しむ事に頭を使った。

と記述しています。Yさんのペアである1年生のOさんは、「Yさんがとてもやさしくてうれしかった」と振り返っており、Yさんの関わりが、1年生にとって安心した場の創出に繋がっていると解釈されます。

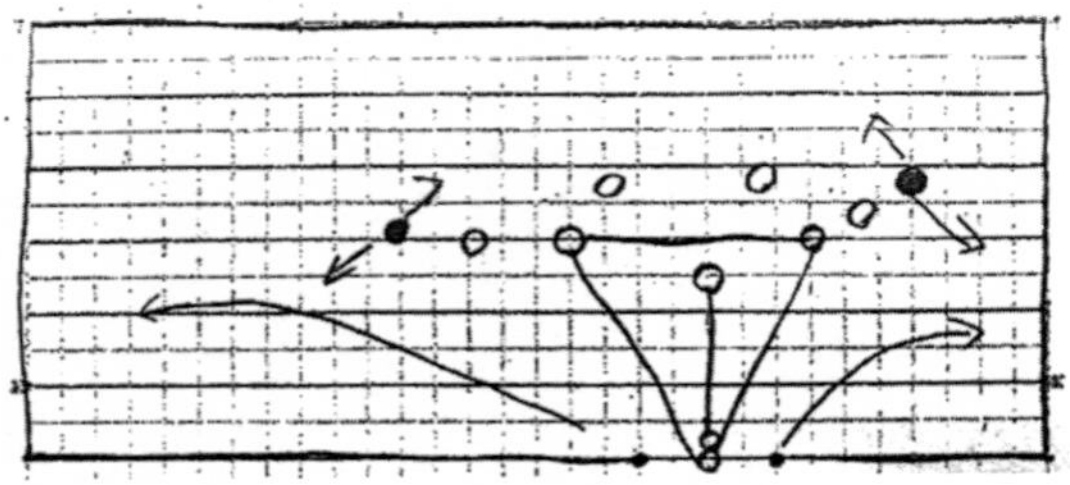

図21-2　カバーする6年生の動き（●で示す）

また、Sさんの以下の記述から、1年生の考えた守り方をゲームに活用していることがわかります。

守備にすきまが無いようにしようと、タツヤ君とハルキ君（2人とも1年生）が言っていた。その考えは有効だった。〈（　）は筆者補足〉

さらに、単元後の振り返りにSさんは、

（6年生は）自信の無い子の後ろをカバーするようにした（図21－2）。

と記述しています。Sさんは、1年生が考えた守り方を採用し、守りの隙間をカバーしています。一方的に守り方を指示するのではなく、1年生の動きに合わせて自ら守り方を変化させています。Yさん、Sさんのゲーム中の姿や振り返りからも、1年生への配慮が見え、状況に応じてルールを新たに付け加えたり、思考したりする姿が現れているといえます。

以下は、本実践を通しての、6年生の感想です。

・1年も6年も、どちらも楽しめてよかったです。ティーバッティングでは、技術と頭を使うから、6年生も楽しめました。
・今回のペア体育では（1年生の）Dさんに楽しんでもらえてよかったです。いつもより何倍も笑顔が見られてよかったです。

1年生と共に運動を行うことで、運動の楽しさをより味わい、ペアの喜びを我が事として捉え、楽しさを享受している姿として解釈されます。

6・1年生の合同体育において、シンプルな言葉でのテーマ設定、課題の明確化、ルール・道具の工夫により、ゲームの行い方の合意形成を行ったり、他者へ配慮したりする6年生の姿が顕著に表出されました。関係性の中で楽しさを享受する様子が多く見られ、資質・能力の育成、特に人間性の涵養に資する体育授業が展開されたと考えられます。

5●まとめにかえて：本実践の成果と課題

関係性の中で楽しさを見出していた一方、6年生が遠慮して活動を控えてしまう場面も見られました。他領域でペア体育を行った際にも同様の課題が上がり、6年生が運動の特性を十分に味わっていたか課題が残ります。特に運動技能上位の子の「吹きこぼれ」に留意しながら、全ての子が運動の楽しさを味わえる授業デザインが求められているといえます。

他方で、1年生がクラスで取り組んでいる日記に、ペア体育の内容について多く書かれていました。以下は、本単元終了後に書かれた日記です。ボールの送り出し方を工夫して楽しんでいる様子と共に、6年生への感謝の気持ちが伝わってきます。

「さいごのペアたいいく」

今日、さいごのペアたいいくがあった。1だせきめ、みんながとおくにいたから、オクリバントをやった。うれしかった。ひきわけだった。楽しかった。1年生からのメッセージ。6年生、いままで、ペアたいいく、いっしょにいろいろのたいいくをやってくれてありがとう。これからもがんばってね。

(原文ママ)

生涯スポーツ場面では異年齢は当然です。レクリエーショナルなスポーツでは、6年生と1年生以上の体力/技能等の格差が存在する状況もあるでしょう。共生社会における豊かなスポーツライフの実現に向けた実践をつくりだしていく必要があると考えます。

〈引用・参考文献〉

◎石塚諭（２０１３）「伝承遊び『ろくむし』を通して学ぶベースボール型の構造」．体育科教育61（10）．大修館書店．
◎加納岳拓・稲垣友祐（２０１８）「集団的鬼遊びとしてのベースボール型球技における質的変容に関する事例的検討」．三重大学教育学部研究紀要69：２９１-２９８．
◎鈴木理・土田了輔・廣瀬勝弘・鈴木直樹（２００３）「ゲームの構造からみた球技分類試論」．体育・スポーツ哲学研究25（2）：7-23．
◎苫野一徳（２０１９）「学校」をつくり直す．河出書房新社．

梅澤秋久、堀切遼一

第22章 幼小連携による年齢差を包摂した運動遊び実践

日野市では2015（平成27）年度より「体を動かす楽しさ・心地よさ向上プロジェクト」を進めています。同プロジェクトは、単に体力テストの数値向上を目指すのではなく、運動・スポーツ自体の楽しさに没頭させる学習／遊びのデザインをし、全ての子どもの豊かなスポーツライフに繋げることを目的としています。

2018（平成30）年度からは幼小連携による「体を動かす楽しさ・心地よさ向上プロジェクト」をスタートさせました。すなわち、児童と園児による異年齢の共生的な運動遊び実践だといえます。

1●アニマルランドの授業デザイン

本実践の対象は、日野市立平山小学校第2学年児童27名と日野市立第二幼稚園年長組園児28名です。「アニマルランドでマットあそびをしよう」（全8時間単元）では、動物の動きに見立てた運動遊びを通じて、マット運動の基礎的な身体感覚を養えるように授業デザインをしています。

第1～5時では、ゆりかご、うさぎ跳び、熊歩きなどの動物歩き、前転がり、後ろ転がりなどの回転運動遊びの面白さを存分に味わわせました。その経験を生かし、第6・7時では、アニマルランドとして、多様な動きを行えるマット遊びの場を設定しています。単元のまとめの第8時には、2年生の児童が幼稚園児に、アニマルランドで運動遊びを教えるというペア学習が待っています。ペアは児童1人につき、園児1人が原則です。

どの学級にも、グループ学習で仲間に依存しがちな児童が少なからず存在するでしょう。しかし、異年齢による共生的な学び合いでは、そのような「人任せ」な児童にもペアの園児をケアする必然が埋め込まれています。単元後半になると全ての児童が「お兄さん、お姉さん」として園児にマット遊びを教えられるように、技能向上を目指して主体的に学ぶ姿が見られました。近頃の5歳児からは「ボーッと生きている」と叱られてしまうからかもしれません。

2●アニマルランドの実際

第8時、2年生がいよいよ園児に教える場面です。「『ゆりかご』ってね……」。説明しながら実演してみせます。「おへそをしっかり見て」といいながらお手本をする2年生は前時までよりも背中が丸まっています（写真22-1）。2年生は、それまで無意識に行っていた「ゆりかご」を、意識的に実践する必然の中で回転系の運動感覚を磨いているのです。一方で、園児たちは自分たちが知らないマット遊びを教えてもらえるので目を輝かせながら真似ています。

「学ぶ」の語源は、大和言葉の「真似ぶ」だといわれています。「真似」ばせる上級生（児童）にも、「真似」ぶ下級生（園児）にも学ぶ必然が埋め込まれているのが異年齢による共生的な学び合いの特徴だといえます。

児童と園児が話し合って、マット遊びの動きを考える

写真22-1　ゆりかごを見せる2年生と真似る園児

写真22-2　動物歩きをシンクロしよう

写真22-3　2ペアで協力したトンネルくぐり

活動も取り入れました。２人でシンクロした動き（写真22‐2）や協力が必要な動き（写真22‐3）など運動遊びをペアの子同士で工夫し合い、自分たちだけの最適解を協働創発し、夢中になって楽しんでいました。

3 水遊びでの幼小連携の意義

水遊びの学習でも、異年齢による共生的な学び合いを実践しました。

２年生が手本となり、水慣れの運動遊びや簡単な泳ぎを見せることで、園児のやってみたい／できるようになりたいという気持ちを高めようと考えたのです。

運動が得意ではなく、普段の体育にはあまり積極的ではない児童Ａは「教えられるようになりたい」「手本になりたい」と、水遊びでは、けのびやバタ足に何度も取り組んでいました（写真22‐4）。その結果、技能が高

写真22-4　園児にかっこいいバタ足を見せよう

写真22-5　小学校のプールに大興奮の園児

まり、本人も水中を「スーッ」と進む水泳運動自体の面白さやできる喜びを感じています。また、園児から羨望のまなざしを受けたり、園児の「やってみたい」という意欲を感じたりすることで、児童Aは「もっと頑張ろう」と動機を高めるという相乗効果が生まれていました。

さらに、「教える／教えられる」以前に、小学校のプールの大きさに園児たちは大興奮しました（写真22-5）。モノ／環境が人に対話を仕掛け、それに感情や動作が生まれることをアフォーダンスといいます。幼児たちには小学校のプールからの「大きくてたくさん泳げるよ～」といったメッセージがアフォードされ（与えられ）、動機が高まったと考えられます。

幼小の連携では、施設や用具等の共有により、遊び／学びを誘発する環境デザインに繋げやすいといえるでしょう。

4●「ナナメの関係」によるケア

年齢差における共生の学び合いでは、「ナナメの関係」によるケアが重要になると考えられます。「ナナメの関係」とは、師弟や親子のような「タテ」、同学年のような「ヨコ」とは異なる、少し歳の離れた利害関係のない異年齢の関係です。

本実践における児童Bは、自分のやりたいことを優先させ、他者への配慮ができない場面がしばしば見られる児童です。その児童Bは、本実践での園児との関わり合いを通して大きな変化を遂げた1人でした。彼は、お兄さんを演じる背伸びの必然の中で、自己中心性を抑制し、小さい子に優しく接しようと試行錯誤しました。授業中は、関わり自体に難しさを感じているようでしたが、「園児が真似をしてくれ、『すごい』といってくれたのが嬉しかった」「一緒に運動するのが楽しくなった」と感想を述べていました。

「ナナメの関係」の基盤はお兄さん／お姉さんのケアでしょう。加えて、下級生がそのケアを受け容れ、憧れとまるごとの「からだ」での応答という「ケアのお返し」によって「ケアリング関係」という互恵性が生まれると考えられます。

お互いに恵みを与え合う関係の創出によって、児童Bは自己有用感を感じ、その後の学級活動や縦割り班活動でも他者の目線で自分の思いや考えを伝えることができるようになってきました。

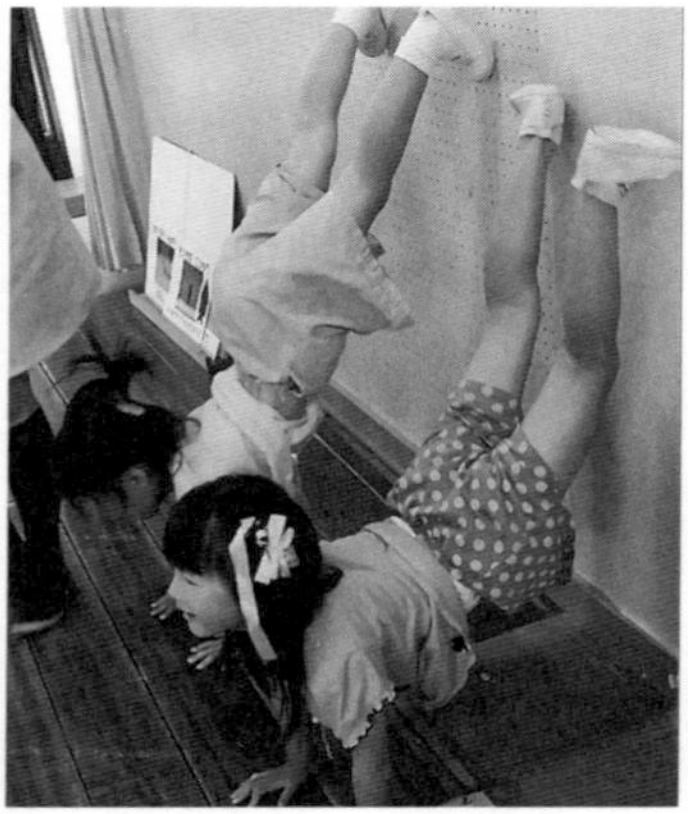
写真22-6　園児同士でやってみる

他方で、本実践での教えられる側の園児は年長さんであり、幼稚園の中では「お兄さん、お姉さん」です。幼稚園に戻った園児は、小学校で教わった運動遊びを自分たちだけで行ってみたり、年少さんに教えたりしていました（写真22‐6）。5歳児ながらに学びの伝承をしているのです。

5●年齢差による共生の意義

園児Cは「やったことのない動きは難しかったけれど、やってみると面白かった」と感想を述べていました。小学生に憧れを抱き、「運動をもっとできるようになりたい」と力強く語っているのが印象的でした。

園児Dは、「行きたくないよ〜」と泣きながら小学校に入ってきた子です。しかし、小学生の優しい関わりで運動遊びに参入／没頭し、最後は「帰りたくないよ〜」

と泣いていました。

「繋がり」を生むのは他者を包み込む（包摂する）ような受容的なケアです。また、ケアする側の者（児童）が、その運動遊び自体と「両思い」のケアリング関係を構築しておくことも重要です。

つまり、年齢差における共生的な運動遊びにおいては、ケアする側の者（児童）とケアされる者（園児）と運動遊びが三位一体となった没頭／夢中の瞬間に教育的な意義が立ち上がると考えられます。


〈引用・参考文献〉

◎梅澤秋久（2015）「学校体育における教育学的ケアリングの地平」．日本女子体育連盟学術研究31．

大橋さつき

第23章 共生・共創の舞台づくりを目指した身体表現遊び
――不登校だった生徒の変容の視点から

本章では、2016年度、大学と地域の連携事業として実施された『心音（こころね）プロジェクト：共生・共創を目指した創造的身体表現遊びの実践』について、参加メンバーの中で、当時、不登校だった中学生Sさんとの語りをもとにご紹介します。

1●プロジェクトの概要

本プロジェクトは、年齢や障害や経験等のちがいを超え、様々な人たちが集い、ダンスやアート、太鼓等の表現遊びのワークショップを楽しみ、それらを生かして舞台発表という新しい「場」を生み出すことを目的として実施されました。地域からの参加者は、公募により、障害や年齢、経験に様々なちがいのある31名（乳幼児：13名、小中学生：6名、母親：10名、60歳代女性：2名）が集い、学生たちと共に活動しました。２０１６年10月より6回連続で、「光」「和太鼓」「アート（ペイント遊び）」「音（楽器づくり）」「チンドン」等をテーマにした身体表現遊びのワークショップ（基礎編）の活動を実施し、さらに舞台発表に向けた応用編として3回の実践を行いました。そして、２０１７年3月、神奈川県内の劇場にて、約30分のパフォーマンスを上演しました（大橋２０１８）。

2●多様な人たちとの出会いから

Sさんは、小学校高学年から不登校の傾向が出るようになりました。小学校入学時より、兄が発達障害で支援級に在籍していたこと、そして、自分自身も片耳の低形成と聴覚に障害があったことで、からかわれることがあり、「自分だけが、みんなとちがう」という疎外感を抱いていました。それでも、周りに合わせたり、教師の期待に応えようとしたりして、ずっと優等生だったそうです。しかし、「もうがんばりたくない、限界だ」と感じた頃から登校しない日が増えていきました。

そんなSさんが、母親に誘われ参加した本プロジェクトで、最初に驚いたのは、とにかく「いろいろな人がいる」という現実でした。実際に、地域からは幅広い年齢層の人々が参加しており、中学生はSさんのみでした。最初は、幼い子ども、学生、大人たちの中で、どのような立場をとればよいのか戸惑っていました。しばらくすると子どもたちに混じって無邪気に遊んだり、学生や大人と一緒にリードする役割を果たしたりと状況に応じて自分の立ち位置を変え、有用感を味わいつつ主体的に楽しむようになっていました。

また、参加者の中には聴覚障害の子どもや学生がいて、彼らがのびのびと動き、他者と関わる姿に触れるうちに、「片耳が聞こえない」自分自身の意識も変化したのだそうです。

3●遊んでつくる、舞台でも遊ぶ

活動全体の感想については、「楽しかった」の一言に尽きるとのことで、2年以上前の出来事を詳しく語ってくれる表情に、没頭して活動していた当時の姿が重なりました。かつて、吹奏楽の演奏で体育館のステージに上がった時、観客の目が怖く緊張して失敗したことがあり、舞台発表という最終目標には不安もあったそうです。しかし、活動を積み重ねていくうちに、楽しいから最後までやりたいと強く欲するようになり、舞台上でも堂々と動き表現しました。「舞台でも最後まで遊ぶことができた、楽しいことなら、やり遂げることができるんだ」と思ったと語ってくれました。一緒に舞台に

写真23-1　表現遊び活動によって生まれた動きや関わりを軸に舞台作品を構想——「フープや布を使った活動から」

立った母親も、それまでに他者と協力して何かを成し遂げるという経験をしていなかったSさんにとって、貴重な体験となったはずだと話してくれました。

本プロジェクトの取り組みの特徴は、舞台上演を最終的な目標としながらも、その実現のための手法として、極力「練習」や「稽古」といった活動を避けたことにあります。例えば、ダンスの振付けや構成を覚えるために繰り返し修練するようなことはなく、あくまで「遊び」活動として積み上げてきた営みを土台に、様々なモノ（遊具）、音、光といった環境との対話を生かした展開で即興的な表現を重視し、各々が自然な形で表現できるように工夫を重ねました（写真23-1）。

時間・空間の限定性の中で偶発的な相互作用

写真23-2 「走り出て跳び戻る」——和太鼓に合わせて跳ぶ

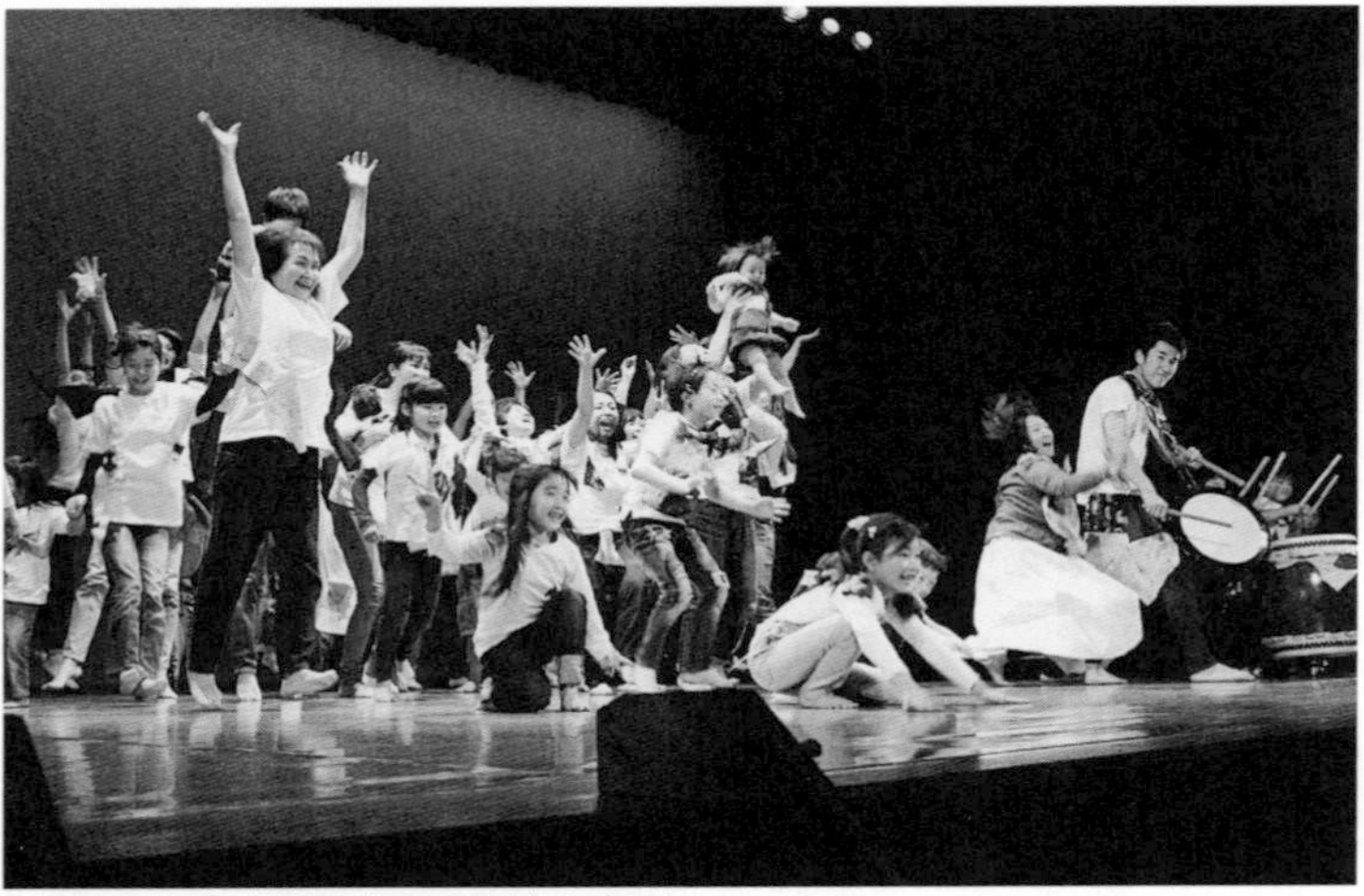

写真23-3 和太鼓に合わせて波を表現

が働く面白さを生かしたことで、参加者の主体性や協働性が発揮されました。Sさんだけでなく参加者の多くが「舞台上でも遊んだ」と述べており、観客のアンケートには「出演者の遊び心溢れる偽りのない表現に心打たれた」等の好意的な感想が多く寄せられました。

Sさんは、この舞台には「失敗」という概念がないと感じていたといいます。そんな場に安心して身を投じ、表現した体験は快感だったそうです。和太鼓の音に合わせて、みんなで「走り出て跳び戻る」といった簡単な動きで波を表現したシーン（写真23 - 2・3）では、身体が自由に動き全員が一体になるのを感じることができ楽しかったと嬉しそうに何度も語ってくれました。

4●不登校と体育

Sさんは、幼い頃は身体を動かすことが好きであり、苦手な種目はあったものの体育は楽しみな教科だったそうです。男の子に混じってサッカーをすることもあったそうです。しかし、中学校の体育祭でのクラス対抗大縄跳びに向けた授業で失敗が続き、「練習量が足りない」とクラスメイトに集団で叱責されたことがあり、長期の不登校のきっかけになりました。また、不登校であることが周知されると、買い物に出ただけで「学校に通ってないくせに」という陰口が聞こえてきて、自分は元気に動いてはいけないのだと考えるようになっていたそうです。

そんな頃に出会った本プロジェクトで協働的な身体活動による一体感を得て、他者と呼吸を合わせ、視線を合わせ、表現を共にして、動く喜びを再体験したことは、自分の身体を取り戻したような感覚だったそうです。Sさんの話は、共生の視点をもたず勝敗だけにこだわり失敗を許さない体育が、不登校の要因となる可能性を示しています。また、子どもたちが学校を離れてしまうと、運動をする機会まで失ってしまう恐れがあることもわかりました。

不登校は、「全ての子どもが学校だけで育つ」という固定化された状況が生んだ問題として、学校以外の場での教育・支援に期待が寄せられる傾向があります。しかし、真の意味での「共生体育」が実現すれば、体育で惨めな想いをする子どもは減り、互恵的な学び合いの中で身体活動を楽しみ、そのための場を共につくる喜びを知ります。体育から学校そのものが変われば、子どもたちは学校の中で、自他の身体に向かい合い、相互作用の中で浮かび上がってくる新たな「私」と「私たち」に出会い理解を深めていくことができるはずです。そう考えると「共生体育」への取り組みは、不登校問題の対策にも直接通じる手立てとなるでしょう。

5 おわりに

Sさんは、舞台上演を終えた後、定時制の高校に進学しました。同級生との関わりに疲れ果てて不登校になっていたSさんですが、本プロジェクトの経験を通して人との関わり合いを求めるようになり、通信制ではなく定時制の高校を選んだといいます。学生たちとの関わりから「大学生も楽しそう」と大学進学も意欲的に考えるようになり、市民活動にも積極的に挑戦して新しい出会いを楽しんでいます。

本実践では、子どもたち以上に、学生、地域の大人たちが夢中になって遊びに興じたことが特徴でした。Sさんにとっても、学生や大人が「世話をしてくれる人」「教えようとする人」ではなく、見守りつつも「共に遊ぶ仲間」であったことが重要だったのではないでしょうか。

現在、高校では体育の時間が待ち遠しく、休日には家族を誘って公園でバドミントンを楽しむこともあるそうです。けれど、周りを見渡すと体育嫌いな友人も多いとのこと。不登校でひきこもったり、学校が辛くてじっと耐えたりしている同年代の仲間に向けて、楽しく活動できる場を自分たちでつくろうと伝えたい、そのための試みを計画中と語ってくれました。

〈引用・参考文献〉

◎大橋さつき（２０１８）「異なるもの同士が共に遊ぶことの意義と課題」．和光大学現代人間学部紀要11：91‐１０６．

梅澤秋久

第24章 外国にルーツのある子どもを包摂する体育

――来日したばかりの2名の児童に着目して

1●はじめに

神奈川県内陸部にある愛川町には工業団地があり、1990年代初頭から「外国にルーツのある子ども」の在籍する学校が見られるようになりました。いわゆる「入国管理法」の度重なる改正に伴い、外国にルーツのある子どもは年々増加しています。現在、同町の中津小学校では14ヶ国から100名を超える外国にルーツのある子どもが在籍し、クラスの4分の1近くを占めています。

同校では、数十年にわたり多文化共生での学校教育を当然のものと考えているため、運動会にも地

写真24-1　インクルーシブ運動会

写真24-2　日本語指導教室での導入時のユウ

域のおじいちゃん・おばあちゃんと一緒に行う競技が存在します（写真24‐1）。まさに老若男女、国籍不問のインクルーシブなスポーツの瞬間が生まれます。

2 バーバルとノンバーバルのコミュニケーション

筆者が訪問した際、タガログ語で書かれた小1の算数の問題を提示されました。「後ろから3番目に並んでいるのは誰でしょう」という和訳ができず、不正解。他言語で学ぶ難しさを実感する教職員研修用の資料とのことでした。

外国にルーツのある子どもが、日本の学校文化に馴染むためには、日本語の習得が重要になります。なぜなら、学校は、人類がつくり出した文化である言語やコード（数字や記号）を習得したり、活用したりする学びを中核とする場だからです。

写真24-3　アンのケアで学習に没頭するユウ

11月の途中、同校の1年A組にユウ（仮名）という男児がフィリピンから転入してきました。ユウはタガログ語と少しの英語しか話せません。同級には、キア（仮名）というフィリピン出身の子がいます。担任の増山先生は2人のコミュニケーションに期待をしましたが、キアは来日して数年が経過しているため、むしろ日本語しか話せなくなってしまっています。多様な子ども同士の関係のデザインは容易ではないのです。

同校では子どもたちが日本語に慣れるまで、国語と算数は日本語指導教室にて少人数で学習指導を進めます。日本語での一斉指導場面でユウはうつむいて先生の問いかけに反応しません（写真24－2）。先ほどのタガログ語の算数の問題が一切読めなかった筆者と同じ情況だと考えられるのです。

日本語指導教室の栗根先生は、教室の後方で学習していた6年生の女子アン（仮名）をユウのもとに呼び寄せます。

写真24-4　かけっこ遊びに笑顔で取り組むユウ

写真24-5　個別支援を受けるミキ

彼女も来日した数年前は、タガログ語しか話せない子だったからです。

残念ながら、アンもタガログ語を忘れてしまっていました。しかし、彼女の何とか伝えたいというケア的な関わりによって、ユウの表情は少し柔らかくなり、算数の問題に没頭しはじめました（写真24－3）。

さて、体育の授業ではどうでしょうか。

校庭に出たユウは、はじめのランニングからウキウキです。「今日の体育は、この前と同じく『かけっこ遊び』です」という増山先生の言葉が理解できたかはわかりませんが、前に並んでいる友達の活動を真剣に見つめています。前の走者が走り終わり、ユウに向かって「いいよ！」と大きな声で合図をしました。いよいよ自分の順番とばかりに笑顔で駆け出します（写真24－4）。そして、走り終えたユウは、振り返りながら「いいよ！」と叫びました。

言語的な関わり合いをバーバル・コミュニケーションといい、非言語的な関わりをノンバーバル・コミュニケーションといいます。体育は、ノンバーバル・コミュニケーションでも実践可能な教科です。「見よう見真似」で、その運動にしかない面白さ（＝運動の特性）を味わうことができれば、自然と心と体は拓かれていくでしょう。また、拓かれた身体によって他者関係もよりよい方向へ進んでいくと思われます。ユウは、体育の後、数人の友達と笑顔で教室に帰っていきました。

3 外国にルーツのある特別支援学級の子ども

同級に通級してくるミキ（仮名）は、ペルーから来日した子であり、小学校に入学後は、特別支援学級（自閉・情緒）に在籍することになりました。1学期の途中までは、特別支援学級の担任やインクルーシブサポーター（介助員）さんがマンツーマンで支援に当たっていました。

体育においては「結果の平等」が期待できないからでしょうか、支援で来られている先生と手を繋いで散歩しているだけの情況が散見されました。特別支援学級の児童ゆえに、大人の手厚い支援は必要不可欠です。しかし、過度な個別支援は、一緒に学んでいる子どもたちに「大人付きの子が来た」という印象を与えかねません。第3章及び第7章で述べた通り、同じ場で学んでいたとしても、大人が見えないバリアとなり、子ども同士が学び合うチャンスを奪いかねないのです。

写真24-6　仲間の支援で運動に取り組むミキ

4●インクルージョンへの転換

しかし、数週間後に増山級を訪れると、大きな変化が見て取れました。ミキと手を繋いでいるのは、先生ではなくクラスメイトたちだったのです。先の「かけっこ遊び」では、全員がミニハードルやマーカーコーンといった障害物の間をリズミカルに疾走していますが、ミキの番になると、仲間が近寄ってきて両側から手を握ります(写真24-6)。

その1人のコタ（仮名）は、ブラジル出身の運動が苦手な子です。彼はグラウンドを走り回るウォームアップ運動で疲れ果て、先ほどまで活動に参加せず、うなだれていました。このような運動格差の低水準の子にも、自己有用感を与えるチャンスが密かに埋め込まれているのが共生体育の特徴です。「一緒に運動してくれてありがとう」という称賛に、コタは嬉しそうな表情を浮かべています。

中津小学校のように、常に複数名の大人が配置されるケースは稀でしょう。つまり、運動を個別的・協働的に「する」だけでなく、子ども同士が多様な仲間を「支える」という活動が生起することも重要だと考えられるのです。

先のインクルーシブサポーターの先生は、まず自身がミキと繋がることを率先して見せて、仲間同士を繋げたのだと推察されます。

5 おわりに

2019年4月1日より新しい「入国管理法」が施行されました。外国にルーツのある子がますます学校に増えていく可能性があるのです。言語を超えてノンバーバルにコミュニケーションがとれる体育は、多様性を受け容れ合う共生の学び合いの中核となる教科だといえます。

全ての子どもたちがスポーツを「する」権利を相互に保障し合う感度を育むためには、多様性を尊重するというケア思想の涵養が重要だといえます。また「支える」という共生的な態度の在り方への検討が必要になってくると考えられます。

第5部

【実践編④】

学校以外での共生スポーツ

Happy

梅澤秋久

第25章 就学前からの障害のある子とない子の「共生遊び」

――日野市立第七幼稚園と発達・教育支援センターとの交流事例

「三つ子の魂百まで」。広辞苑によれば、その意味は、「幼い時の性質は老年まで変わらぬことのたとえ」です。つまり、三つ子は「小さい子」を、魂は「性質」を指しているのです。「性質」の本来の意味は「生まれもった気質」ですが、この諺には、小さい頃までに培われた感情傾向までも含んでいると考えられます。

幼児教育の重要性が叫ばれる昨今ですが、「三つ子の魂百まで」の真正な意味は、「小さい頃に涵養された人間性は、老年まで生き続ける」と解釈可能です。一方、幼児期の知識・技能の習得をねらった習いごとが、大人になってからも生きるという意味ではないことがわかります。

本章では、人間性の涵養に資する幼児期の「共生遊び」を紹介します。

1 東京都日野市の発達支援の取り組み

日野市は、２０１４（平成26）年４月に日野市発達・教育支援センター（愛称：エール、以下「エール」と記す）を開設しました。

「エール」は、０歳から18歳までの発達面、行動面、学校生活面において支援を必要とする子ども、子どもの育ちについて不安がある保護者とその関係者を対象にした総合的な相談・支援機関です。

従来、それらの業務は、市の健康福祉部と教育委員会が別々に担っていました。ともすると、「縦割り行政」によって支援が必要な子どもや保護者がたらい回しにされかねません。そこで日野市は、「エール」内に福祉部門と教育部門の部署を設置し、子どもの育ちに関する相談窓口を一本化させ、福祉と教育が一体となって継続的に支援する仕組みを構築したのです。

また、福祉と教育を一体とするという理念は、公募により決定された愛称にも込められています。すなわち、愛称「エール」とは「支援が必要な子どもや保護者等へ『心を1つにして応援する』」という意味なのです。

2●幼児の「共生遊び」の取り組み

個別に配慮が必要な子どもたちが在籍する「エール」に隣接して、日野市立第七幼稚園があります。地域連携、子ども同士を「繋ぐ」という視点から、年に数回、第七幼稚園と「エール」の子ども同士の交流を実施しています。第七幼稚園の交流の目的は、次の通りです。

⑴同じ地域にある「エール」で過ごしている友達の存在を知る

⑵「エール」の友達と場を共有する中で、遊びに誘ったり、参加してきた子を受け容れたりしながら関わり合う

ここで重要になるのは「関わり合うことができる（ようにする）」という行動目標を立てないことです。「できる」の強制は、「しなさい」という教師言語に繋がりがちです。そのような環境においては、命令をする者（教師）の前では行動し、それ以外では実践しない子を育成しやすくなると考えられます。

子どもたちが自然に受け容れられる「共生遊び」の方略が立てられているのが、本交流の重要な特徴です。

3●「共生遊び」に誘《いざな》う教師

サトミ（仮名）は、「エール」に在籍する園児です。ダウン症児の多くがそうであるように、サトミの性格は温厚で明るく、誰にでも進んで関わろうとします。

自由遊びで、第七幼稚園の子とサトミたちは自然に交流をしていきます。しかし、おままごとをはじめて、おもちゃの包丁（モノ）で切る活動（コト）にサトミ（ヒト）は没頭しはじめます。「ヒト・モノ・コト」の関係を重視した個人構成主義の学びは個人に意味が生まれる（主体的に活動する）という価値は高いものの、他者との交流が生まれにくいのも事実です。

そこで、第七幼稚園のアツミ先生は、お医者さんごっこにサトミを上手に誘います。自身がやっていた患者役に「大変！ 次の患者さんが来た」とサトミを手術台に見立てたテーブルに乗せます。すると、複数のお医者さん役や看護師役の子どもたちが、サトミに点滴をつけたり、血圧を測ったり、手術を施したりしはじめました。サトミは当初何が起きているかわからない不安そうな表情をしていましたが、アツミドクターの「コチョコチョ診療」で一気に笑顔になります。

このシーンでは、アツミ先生による、①状況（表情）の見取り、②次に何を為すべきかを検討する省察、③活動の再構築と④実践が即時的に行われました。このような「行為の中の省察」を実践において繰り返し、専門職として成長し続けることが教師には求められています。

写真25-1 「おでこコッツン」の挨拶をしよう

写真25-2 大根（足）を抜かれないように踏ん張る

4 共生的な運動遊び

プレイルームに移動した子どもたちは、運動遊びに興じています。

両側の壁に分かれて座り、アツミ先生がいった動物になりきって反対側の友達のところまで移動していきます。イヌ（這い這い）やワニ（手足を横にした這いずり）やアザラシ（手だけで移動）と多様な動きと力強さが必要な運動遊びです。特徴は、移動した先で、お友達と動物同士になりきって挨拶する点です。サトミは誰よりも移動に時間がかかります。反対側の友達は温かい雰囲気でサトミを待っていますが、アツミ先生が「たくさんのお友達と挨拶できるといいね～」と声をかけると、近くにいた友達が次々とサトミに「おでこコッツン」の挨拶に向かいます（写真25－1）。男女も障害の有無も全く存在しない「真正の共生遊び」の瞬間です。

写真25-3　世界がグルンと回って元の姿勢に！

続いての運動遊びは、「大根抜き」です。マットの上で抜かれないように頑張る大根役とその大根(足)をもって抜き取る役に分かれます。

サトミも抜かれないように必死です。しかし、一緒に組んだ友達が少しずつマットから引き摺り出します（写真25－2）。結局、抜かれてしまうのですが、ここでも真正の共生遊びの様相が表れているといえます。

続いては、マットでのゴロゴロ遊びです。器械運動系の特性は「技ができる」ことの面白さだけではありません。確かにできなかった技ができると楽しいです。しかし、技をできるようにさせる学習指導では、障害のある子や技能格差における低水準の子は、置いてきぼりにされかねません。「世界がグルンと回って元の姿勢に戻る」という器械運動系の特性に没入させることが何より重要です（写真25－3）。器械運動は元来、めまい（イリンクス）の遊びだからです。その上で、様々な回り方（技）

写真25-4　丸太役の友達の上をゴロゴロと

が「できる／できない」の間を楽しみつつ、結果的に高い技能を習得できれば理想的です。

個人でのグルグル遊びの後は、協働的にめまいを味わいます。丸太役になった友達の上をゴロゴロと転がしてもらいます（写真25‐4）。

乳幼児期はアタッチメント（愛着＝情緒的な結びつき）が心の発達に大きな影響を与えます。幼児期までは他者との距離感が近く、照れることなく異性と手を繋げるなど、互いを受け容れやすいのが特徴です。

このような時期から多様な他者と共生していく必然を与えるのは、その子の人間性の育ちに大きな影響を与える可能性があると考えられます。

5●まとめにかえて

「エール」のパンフレットには、「0～18歳までの子どもの育ちを切れ目なく支援します」とあります。個を縦断的に支援していくだけでも素晴らしい取り組みです。加えて、「エール」と第七幼稚園の関わり合いのように、小さい頃から多様性のあるヨコの繋がりを大切にする環境デザインが、共生意識の涵養に繋がっていくと考えられます。

※写真の使用には本人と保護者の承諾を得ています。

中道莉央

第26章 総合型地域スポーツクラブにおけるインクルーシブ

——地域スポーツにおける共生の視点

1 学校外でのスポーツの活性化：総合型クラブへの期待

2018年9月にスポーツ庁がまとめた『スポーツ実施率向上のための行動計画』では、子どものスポーツ実施の二極化への対応として、学校内外でスポーツが楽しめるように総合型地域スポーツクラブ（以下、総合型クラブ）の活性化が目指されています。総合型クラブは、多世代・多種目・多志向という特徴をもち、地域住民により自主的、主体的に運営されるスポーツクラブです。また、障害のある人とない人が地域で一緒に行うスポーツ活動の場としても、その活用が期待されています（地域における障害者スポーツ普及促進に関する有識者会議２０１６）。

筆者の勤務校が所在する滋賀県は、２０１５年度から文部科学省の「地域における障害者スポーツ普及促進事業」を受託し、県内の総合型クラブを障害者スポーツにおける地域の核と位置づけ、身近な地域でスポーツに親しむことができる環境づくりなどを目的とした「障害者スポーツ推進事業」を進めてきました。本章では、これを滋賀県から受託した認定NPO法人TSC（以下、TSC）の取り組みから、地域スポーツにおける共生を考えてみたいと思います。

2●TSCにおける「チャレンジスポーツ教室」

TSCは滋賀県高島市にある総合型クラブで、「スポーツを通じて地域を活性化させる」ことを目的に、２０１６年度から「チャレンジスポーツ教室（以下、チャレスポ）」をスタートさせました。3年目の２０１９年度は、知的障害（軽度~重度）や自閉症スペクトラム症、発達性協調運動症、ダウン症、場面寡黙、心疾患など、様々な障害のある年中から中学3年生までの16名が参加しています。活動は主に二部構成で、前半は裸足で輪になり、マットの上で簡単にできる手先足先を動かすことを重視した運動を行います（写真26‐1）。立ったり座ったり、寝転んだりといろいろな姿勢から、ジャンプをしたり片足でバランスを取ったりして全身を動かし、その後ケンステップや牛乳パックのミニハードルを用いた運動などを行います（写真26‐2）。後半はフリータイムで、室内にある用具を用いて各々自由に身体を動かします。多くの子どもは大型トランポリンを楽しみますが（写真26‐3）、ボール転がしをしたり、手打ち野球をしたり、それを1人でする子、友達と一緒にする子など、様々です。

前半の運動は、保育実践家の斎藤（1994）の生物進化の法則、すなわち「直立二足歩行するには足の親指で地面を後ろに強くけらなければならないし、道具を作るには手の親指が最も重要な働きをする。ヒトの子の発達にも、手先足先をしっかりと動かし、それがまた脳の発達を促す」に通ずるものがあります。手先足先を意識して動かすことを中心に、身体の軸をコントロールする意識をすること、腹筋・背筋を使って動きを調整したり、力の抜き方・入れ方を覚えたりするなど、障害のある子どもが苦手とする動きを自分のペースで行っています。

また、後半のトランポリンは、自分自身の身体に自己（自重）を感じることによって、身体制御を獲得することに繋がり、これは障害のある子どもの運動療育に用いられるシェルボーン・ムーブメントによる運動効果に通ずるものがあります。

限られた時間の中で、子どもたちは確実に身体感覚や身体制御など、運動をする上での基礎感覚・基礎技能を獲得しています。

写真26-1　手先足先を動かす運動

写真26-2　牛乳パックのミニハードルを用いた運動

写真26-3　トランポリンを楽しむ子ども

3●総合型クラブにおける障害者スポーツ実施の課題

TSCのチャレスポは3年目を迎え、総合型クラブにおけるインクルーシブを着実に実現させています。ところが、総合型クラブにおいて障害者スポーツを展開するには様々な課題があると指摘されているように（文部科学省2012）、TSCにおいても参加者、スタッフ、財源の確保に困難を抱えています。

チャレスポの主なスタッフは、日本障がい者スポーツ協会公認の上級指導員の資格をもつM氏、同資格初級のK氏、TSCクラブマネージャーのA氏の3名に加え、ボランティア学生4名の計7名です。

前半の運動をメインで指導しているのがM氏ですが、本務は障がい者福祉センターの専門指導員で、チャレスポ2年目から勤務時間外に指導に来られています。M氏が携わる前の1年目は、なかなか人が集まらなかったそうですが、M氏に加わっていただけたことで同氏を頼って新規参加者が増え、現在のように多くの子どもたちに参加してもらえるようになりました。M氏の存在は保護者にとって力強いもので、M氏自身も「（私がここにいることで）親御さんが安心して連れて来てくれる。本人よりも親御さんが安心して行けるか行けないかが、知的障害の人には大きいのかな」と話しています。

また、A氏も「自分自身が障害者の分野に全然携わってこなかったので、どういう運動を提供してあげたらいいのかなどわからないところがあった。その点、M氏にあのプログラムをやってもらっているのは大きいし、安心して任せられる」と話しています。

TSCではスタッフの障害理解や対応経験の不足をM氏に来ていただくことで補い、助言を得ながら指導力向上に努めています。M氏という専門性の高いスタッフを確保することで、よりよいプログラムを提供したり、保護者に安心感を与えたりすることができ、安定した参加者の確保に繋がった例といえます。

しかしながら、財源の確保についてはTSCにおいても大きな課題とされ、これが総合型クラブで障害児・者を受け容れる最大の障壁といえます。総合型クラブは自主自営であることから、1年目は参加費を徴収することを考えていたようですが、それでは参加者が集まらなかったことから無料にし、何とか6名募ることができました。2年目以降は年会費を徴収していますが、TSCで開講されている他の教室に比べると、「収益はない。地域貢献としてやっている」状態であり、「実際将来的には県からの委託事業がなくなれば、どうしようって思うことはある」と憂慮しています。これを解決する可能性として、チャレスポでトランポリンの楽しさに触れた何人かの子どもが、TSCの既存（障害のない子ども向け）のトランポリン教室（月会費＋受講料あり）に参加する流れがあります。きっかけづくりの無料教室から、障害のある子・ない子が一緒に参加する教室へ移行することが期待されます。

4 地域スポーツを通じた共生：自立と社会参加に向けた基盤づくり

２０１６年に施行された障害者差別解消法により、学校段階でのインクルーシブな取り組みは進展しつつありますが、生涯学習分野ではなかなか進んでいない現状があります（国立特別支援教育総合研究所２０１８）。障害のある子どものスポーツ環境として、もっとも深刻なのは学校卒業後のスポーツ機会の不足です（笹川スポーツ財団２０１６）。障害のある子どものスポーツ活動を地域において保障していくことは、生涯にわたる豊かなスポーツライフの基礎を培うだけでなく、子どもの将来の自立と社会参加に向けて卒業後の学びを継続する基盤づくりという重要な意味もあり、生活や人生そのものの豊かさに繋がります。

そのためには、医療やリハビリテーション、福祉などの関係者と学校教育との協働が不可欠であり、学校教育での様々な経験をもとに、卒業してからもこのような場があるという情報が在学中に提供されることが重要です。

そこで問われるのは、教員がこのような問題にどれだけ意識をもっているかではないでしょうか。障害のある子どもが地域との繋がりをもち、様々な人と共に学び、支え合って生きていくことができるように、地域が一体となってインクルーシブなスポーツ機会を創出することが求められています。

〈引用・参考文献〉

◎地域における障害者スポーツ普及促進に関する有識者会議（２０１６）「地域における障害者スポーツの普及促進について」．http://www.mext.go.jp/sports/b_menu/shingi/002_index/toushin/1369121.htm

◎国立特別支援教育総合研究所（２０１８）「障害者の生涯学習活動に関する実態調査」．報告書．
http://www.nise.go.jp/cms/resources/content/7412/b-315.pdf

◎文部科学省（２０１２）「地域における障害者スポーツ・レクリエーション活動に関する調査研究報告書」．
http://www.mext.go.jp/a_menu/sports/suishin/1334630.htm

◎文部科学省（２０１８）「学校卒業後における障害者の学びの推進方策について」．
http://www.mext.go.jp/b_menu/shingi/chousa/shougai/041/toushin/1409250.htm

◎奥田睦子（２００７）「総合型地域スポーツクラブの障がい者の参加システム構築のための調査研究：障がい者の参加状況と受け入れ体制の構築に向けたクラブの課題」．金沢大学経済論集，42：１５７‐１８５．

◎斎藤公子（１９９４）さくら・さくらんぼのリズムとうた．群羊社．

◎笹川スポーツ財団（２０１６）「地域における障害者スポーツ普及促進事業報告書」．
http://www.mext.go.jp/a_menu/sports/suishin/1361888.htm

◎滋賀県県民生活部スポーツ課（２０１８）「総合型地域スポーツクラブでの障害者スポーツの取組について」．
http://www.mext.go.jp/prev_sports/comp/a_menu/sports/micro_detail/__icsFiles/afieldfile/2018/06/20/1406068_5.pdf

おわりに

全ての子どもたちに、「自由の相互承認」の感度を育むことを土台に、「自由」に生きられるための力を育むこと。これが、公教育の最も重要な本質であると序章で述べました。

ところが公教育は、誕生以来150年もの間、ほとんど変わることのなかったある慣習的なシステムのゆえに、その本質を十分に達成することができずにきたと私（苫野）は考えています。

その慣習的システムとは、「みんなで同じことを、同じペースで、同質性の高い学年学級制の中で、出来合いの問いと答えを勉強する」というものです。

みんなで同じことを、同じペースで学んでいくシステムにおいては、必然的に、いわゆる落ちこぼれ・吹きこぼれの問題が生じることになります。一度つまずくと、どんどんついていけなくなってしまったり、その逆に、すでにわかっていることを繰り返し学ばされることで、学びそれ自体に嫌気がさしたりしてしまいます。

この問題は、各人の「自由」を実質化するという公教育の本質を著しく損なうものです。もし、各人が自分のペースで、自分に合った学び方で、必要に応じて人の力を借りたり人に力を貸したりしながら学び合うことができたなら、そのようなことは起こらなかったかもしれないのに。

同質性の高い学年学級制もまた、みんなで同じことを同じペースで学ばせるベルトコンベヤー型の教育に最適化するため、近代になって新たに発明されたシステムです。そしてこの同質性の高いコミュニティのゆえに、子どもたちは多かれ少なかれ、空気を読み合ったり、同調圧力に敏感になったりしながら学校生活を送っています。

この問題もまた、市民社会の本質である「自由の相互承認」の原理を実質化するという公教育の本質を損なうものです。もし、もっと多様な年代や文化の人たちが互いに出会い、また人間関係の流動性もよりしっかりと担保されていたなら、そのような同調圧力はずいぶんと和らいだかもしれないのに。

そもそも、この市民社会は、多様で異質な人たちがお互いを知り合い認め合いながらつくっていくべきものです。にもかかわらず、これまで学校は、多くの場合、そのような多様な人たちが出会う機会を豊富に整えるどころか、むしろ同質性の高いコミュニティとして存在してきたのです。

考えてみれば、これは非常に不自然なことです。同じ年生まれの人たちだけからなるコミュニティを、私たちは学校の他に見出すことができるでしょうか。

「出来合いの問いと答え」を中心に勉強するシステムも、同じような問題を抱えています。「自由」と「自由の相互承認」の実質化のためには、「言われたことを言われた通りに」勉強する以上に、「自分（たち）なりの問いを立て、自分（たち）なりの仕方で、自分（たち）なりの答えにたどり着く」、そのような「探究」の経験をたっぷりと保障する必要があるはずです。また、多くの子どもは、「何のためにこんなことを勉強しなきゃいけないのか」という疑問を多かれ少なかれ抱いていますが、もし「探究型の学び」をもっとたっぷり経験できたなら、「学ぶ」ということの意義――それはとりもなおさず、自らがより「自由」な存在として成長していくということです――を、もっと心底感じられるはずなのにと私は思います。

さて、体育もまた、残念ながら、以上のような問題を多かれ少なかれ抱えてきました。いや、場合によっては、体育こそ、こうした問題が最も顕著に見られる教科だったといえるかもしれません。

体育は、その得手不得手が表に現れやすい教科です。競争的・競技的性格が強ければ強いほど、相互承認の感度を育むというより、むしろ過度の優越感や劣等感を与えてしまいかねない側面もあります。なぜ苦手な跳び箱をやらなければならないのか。なぜ楽しくもない球技をやらなければならないのか。これが一体、自分の将来に何の役に立つのだろうか。体育のせいで、スポーツや運動が嫌いになった。そんなふうに思っている子どもも、きっと少なくないはずです。

本書がテーマにしてきた「真正の共生体育」は、このような問題を克服し、体育を、「自由」と「自由の相互承認」に力強く寄与しうる教科へと、いわば「構造転換」する道を提案するものです。「みんなで同じことを、同じペースで、同質性の高い学年学級制の中で、出来合いの問いと答えを勉強する」のではない体育の在り方が、本書には、理論から実践の在り方にいたるまで豊富に示されています。

序章における梅澤先生の言葉を借りつついうなら、それは、「障害や得手不得手にかかわりなく、多様性を包摂したコミュニティの中で、必要に応じて協同しながら、それぞれがそれぞれの仕方で身体活動に親しむための『身体リテラシー』を育む」ものとしての体育への構造転換です。

教育（哲）学者である私自身は、公教育の本質や、そのための「公教育の構造転換」の必要性、すなわち、「みんなで同じことを同じペースで……」から「学びの個別化・協同化・プロジェクト化の融合」への転換が必要であることをこれまで論じてきました。簡潔にいうなら、それは、出来合いの問いと答えを中心に勉強するカリキュラムから、「探究」（プロジェクト）を中核としたカリキュラムへの構造転換であり、「みんなで同じことを、同じペースで」の学びから、個々人が、自分のペースで、自分に合った学び方、空間、教材等を通して、必要に応じて人に力を貸したり力を借りたりしながら学び合う、「ゆるやかな協同性」に支えられた「個の学び」を中心とした学びへの転換です。

本書のプロジェクトに参加させていただいたことで、私にとっては専門外の体育でもまた、そのような「構造転換」に向けた動きが成熟しており、そのための実践がすでにこれほどにも豊富に存在しているのだということを存分に知ることができました。また、多くの体育界やスポーツ界、教育界の方々と様々なプロジェクトや対話の機会を共有する中で、「体育教育の構造転換」もまた、大きな音を立てて起こっていることを、いま私は実感しています。それは本当に大きな希望です。

本書が描き出した「真正の共生体育」の実践に、ぜひ、多くの先生方がチャレンジしてくださり、そして互いにさらに深め合っていけたなら。編著者として、これほど嬉しいことはありません。

2020年1月　編著者代表　**苫野一徳**

謝辞

本書はＪＳＰＳ科研費ＪＰ１７Ｋ０１６２９の助成を受けたものです。

出版にあたっては大修館書店の皆様には多大なご尽力を賜りました。特に阿部恭和様には編集において多大なご支援をいただきました。心より感謝申し上げます。

２０１９年10月、『OECD Future of Education 2030: Making Physical Education Dynamic and Inclusive for 2030』が公表されました。国際学力調査ＰＩＳＡ等を統括するＯＥＣＤが、改めて未来の体育の理念にインクルーシブを掲げたのです。多様性を包摂し、各人の能力を最大限に(ダイナミックに)発揮するという「真正の共生体育」づくりに、本書がお役に立てば幸甚です。

《執筆者一覧（50音順）》所属・担当箇所（執筆時の所属が異なる場合は、元所属も記載）

朝倉了健　京都市立醍醐小学校教諭……第7章

泉真由子　横浜国立大学教授……第14章

梅澤秋久　横浜国立大学教授・編著者……はじめに、序章―2、第1章、第2章、第3章、第6章、第7章、第10章、第11章、第12章、第13章、第15章、第16章、第17章、第18章、第22章、第24章、第25章

大橋さつき　和光大学教授……第23章

川上（旧姓：鈴木）亜美　座間市立旭小学校教諭……第12章

斉藤洋介　平塚市立神田小学校教諭……第10章

高田彬成　帝京大学教授・元文部科学省／スポーツ庁教科調査官……第4章

高野陽介　横浜国立大学非常勤講師……第14章

露木隆夫　横浜国立大学附属横浜小学校教諭、元横浜市立能見台小学校教諭……第7章

苫野一徳　熊本大学准教授・編著者……序章―1、おわりに

中道莉央　びわこ成蹊スポーツ大学准教授……第5章、第26章

西脇公孝　海南市立下津第二中学校教諭、元海南市立巽中学校教諭……第19章

濱地　優　鎌倉市立西鎌倉小学校総括教諭、元横浜国立大学附属横浜小学校教諭……第8章、第21章

藤本照美　横浜市立永田中学校教諭……第13章

藤原亮治　筑波大学附属坂戸高等学校主幹教諭……第15章

堀切遼一　日野市立平山小学校教諭……第22章

三世拓也　和歌山県立みくまの支援学校教諭……第9章

村瀬浩二　和歌山大学教授……第9章、第19章、第20章

矢邉洋和　横浜国立大学附属鎌倉小学校主幹教諭・校内教頭……第11章、第16章、第18章

[編著者紹介]

梅澤秋久（うめざわ あきひさ）

1971年生まれ。専門は体育科教育学、スポーツ教育学。横浜国立大学教育学部教授。博士（教育学）。

著書に『体育における「学び合い」の理論と実践』（大修館書店）、『学び手の視点から創る中学校・高等学校の保健体育授業〈体育編〉』（大学教育出版）他。

15年間の小学校教員時代に修士課程・博士課程大学院で学び、教育学の視点から、その時代／社会に応じた体育科の理論と実践の融合を目指している。

苫野一徳（とまの いっとく）

1980年生まれ。専門は哲学、教育学。熊本大学教育学部准教授。博士（教育学）。

著書に『教育の力』（講談社現代新書）、『どのような教育が「よい」教育か』（講談社選書メチエ）、『「学校」をつくり直す』（河出書房新社）、『愛』（講談社現代新書）他多数。

教育は、各自の経験や価値観に拘泥した議論や対立が起こりやすいテーマ。だからこそ、哲学を底に敷いた原理的な議論を展開したい。そんな教育哲学を探究している。

真正《しんせい》の「共生体育《きょうせいたいいく》」をつくる

NDC375 / xx, 253p / 19cm

初版第1刷発行――2020年3月20日

編著者――梅澤秋久《うめざわあきひさ》・苫野一徳《とまのいっとく》

発行者――鈴木一行

発行所――株式会社 大修館書店

〒113-8541 東京都文京区湯島2-1-1

電話 03-3868-2651（販売部） 03-3868-2299（編集部）

振替 00190-7-40504

[出版情報] https://www.taishukan.co.jp/

装丁・本文デザイン――石山智博

カバーイラスト――岡部哲郎

組　版――加藤　智

印刷所――横山印刷

製本所――難波製本

ISBN978-4-469-26886-7　　Printed in Japan